CHÂTEAUDUN

PARIS. — TYPOGRAPHIE LAHURE
Rue de Fleurus, 9.

CAMPAGNE DE 1870-1871

CHÂTEAUDUN

—18 OCTOBRE 1870—

PAR

ÉDOUARD LEDEUIL

Lieutenant-colonel aux Francs-Tireurs de *Paris-Châteaudun*

PARIS

LIBRAIRIE POLITIQUE, AGRICOLE ET SCIENTIFIQUE

André SAGNIER, Éditeur

7, CARREFOUR DE L'ODÉON, 7
(Anciennement rue de Fleurus, 9)

SEPTEMBRE 1871

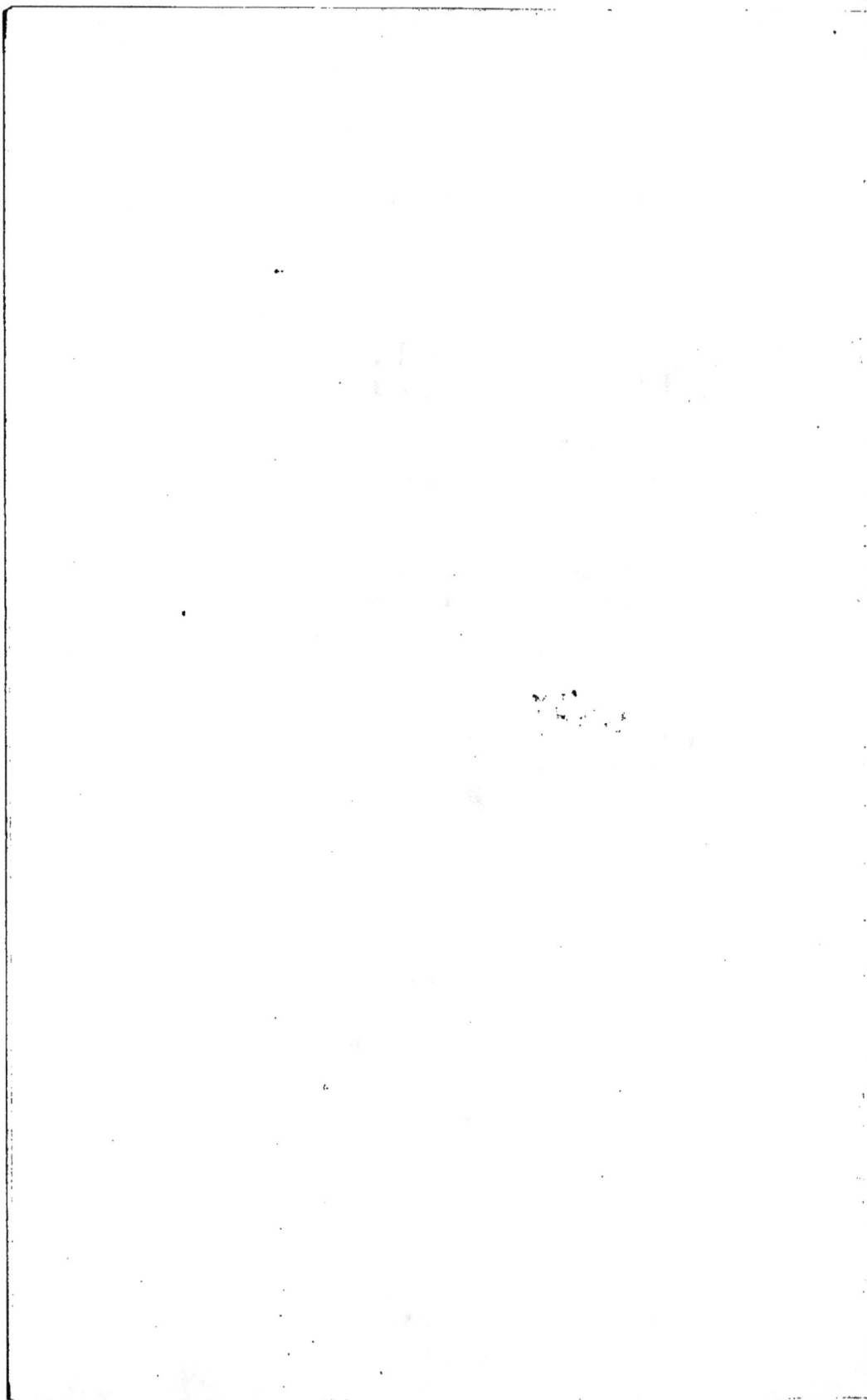

A LA MÉMOIRE

DES GARDES NATIONAUX DE CIVRY ET DE VARIZE

A LA MÉMOIRE

DES GARDES NATIONAUX DE CHÂTEAUDUN
DES FRANCS-TIREURS DE PARIS
DES FRANCS-TIREURS DE NANTES
DES FRANCS-TIREURS DE CANNES

MORTS SUR LE CHAMP DE BATAILLE DANS LA JOURNÉE
DU 18 OCTOBRE 1870

1

CHÂTEAUDUN.

AVANT-PROPOS.

Le 9 septembre 1870, à dix heures du soir, à la gare de Lyon, était rangé, derrière ses faisceaux, un bataillon au costume sévère et léger, vareuse et pantalon noirs, ceinture bleue, casquette américaine. Il pouvait compter de 12 à 1300 volontaires, répartis en 8 compagnies.

C'était le 1er bataillon des Francs-Tireurs de Paris, attendant qu'un train, sous vapeur, l'emportât à *Melun*.

Etudiants, artistes, commis, ouvriers, anciens soldats, jeunes recrues, tous les âges et toutes les classes s'y trouvaient confondus dans un seul vœu : la délivrance du pays.

Leurs yeux rayonnaient de l'éclat fascinateur que donne au regard le sentiment de l'honneur national;

leurs joues étaient colorées d'incarnat vif; leurs cœurs battaient d'impatience de se mesurer avec les Allemands vainqueurs.

Ils avaient ce qu'on peut appeler les irradiations de la fièvre patriotique.

Ce n'est pas que, dans des coins isolés, il ne se versât des larmes et qu'il ne se donnât de ces baisers d'adieu suprême qui disent à la fois : « Je suis triste à la mort, et pourtant heureuse dans mon âme; » de ces baisers que, seuls, les hommes qui vont se faire tuer pour le pays reçoivent....

Mais la voix de la patrie en danger, dominant le tumulte de leurs sentiments, transfigurait bientôt aussi la mère et l'épouse, la sœur et la fiancée qui, regardant avec orgueil ces hommes braves, leur disaient : « Oui, partez! c'est votre devoir...; nous, nous prierons! »

Il y avait là, qui nous accompagnaient encore, de ces vieillards, droits et vénérables, que nous appelons *grognards*. Ils prenaient nos mains, heureux de voir brûler en nous du sang de *Jemmapes;* mais ils se retournaient pour mordre leur moustache, quand nos bouches imprudentes prononçaient ce mot : *Sedan !*

Scène émouvante et grandiose que termina soudain un coup de sifflet de locomotive.

Le clairon sonna la marche. Le bataillon accourut, s'aligna, rompit les faisceaux, agita son drapeau en signe d'adieu et disparut dans le train....

Un quart d'heure après, la machine poussait deux ou trois gémissements.... Il était onze heures.... Une partie de l'âme de la capitale allait s'envoler.

Vive la France! crièrent ensemble et comme s'ils s'é-
taient secrètement entendus les 1300 volontaires.

Vive la France! répondit la foule, agitant ses mou-
choirs mouillés de pleurs.

Et puis le train s'ébranla.

Le 1er *bataillon des Francs-Tireurs de Paris* était en
campagne.

* *
*

Beau, noble et admirable bataillon qui, parti connais-
sant à peine le pas et le maniement de l'arme terrible
qu'il pressait fièrement sur sa poitrine, se disciplina sous
le feu de l'ennemi, se donna tout entier à la patrie et fit,
après un mois de campagne, ces héroïques soldats que
les Prussiens mêmes admirent et respectent sous le nom
de *défenseurs de Châteaudun!*

* *
*

On a déjà bien écrit et bien disputé sur ce combat.
Mais aucune relation n'est complète ni exacte; et c'est
en vue d'établir la *vérité historique* que je recueille aujourd'hui ces souvenirs, dédiés à la mémoire de nos
frères, morts sur le champ de bataille.

Je n'entrerai dans aucun détail antérieur à nos opérations sous Châteaudun. Il serait intéressant sans doute

de montrer par quelles phases successives d'épuration nous étions passés, comment nous étions commandés et sous quelle influence nous agissions. Mais il faudrait toucher à des points délicats que je traiterai peut-être un jour dans un récit général de la campagne des *Francs-Tireurs de Paris-Châteaudun* et qui ici troubleraient mon sujet.

Je me contenterai de dire qu'après des marches et des contre-marches nombreuses de *Melun* au *Châtelet*, à *Valence*, à *Montereau, Moret, Fontainebleau, Melun, Milly, Malesherbes, Pithiviers, Chilleurs, Hay-les-Loges, Jargeau, Orléans* et *Tours*; marches de jour et de nuit, à travers des populations, les unes admirables et saintes dans nos souvenirs, comme *Melun, Milly, Courrance* et *Danemoy, Jargeau* et le petit village de *Saint-Denis-sur-la-Loire*; d'autres, comme *Montereau, Pithiviers, Orléans*, administrées alors par des municipalités frappées de terreur ou pleines de préventions odieuses contre les corps francs;—qu'après quelques escarmouches brillantes et des tentatives de combat;—qu'après la radiation du corps, à *Fontainebleau*, de 300 hommes et de quelques officiers, trop faibles de corps ou de cœur, pour supporter les privations, les fatigues et la discipline du bataillon;—qu'après deux révoltes enfin dans nos rangs, suscitées l'une, à *Valence*, par les mauvais soldats de la suite de toute troupe, et l'autre, à *Tours*, par quelques paresseux viveurs : je me contenterai de dire qu'après avoir changé M. Arohnsonn pour M. Lipowski, nous étions, débarquant à *Châteaudun*, le 29 septembre au soir, 9 compagnies ainsi divisées :

1re compagnie : capitaine, Jacta; lieutenant, Martin; sous-lieutenant, Brenière.

2e compagnie : *sans capitaine*;. lieutenant, Labadie; sous-lieutenant, Duchamp.

3e compagnie : capitaine, Boulanger; lieutenant, Chabrillat; sous-lieutenant, Dussol.

4e compagnie : capitaine, Bouillon; lieutenant, Planard; sous-lieutenant, Hattat.

5e compagnie : capitaine, Ledeuil; lieutenant, Échasson; sous-lieutenant, Scheffter (Adolphe).

6e compagnie : capitaine, Kastner; lieutenant, Giquel; sous-lieutenant, Cardon fils.

7e compagnie : capitaine, La Cécilia; lieutenant, Marcelli; sous-lieutenant, Perrin.

8e compagnie : capitaine, Loridan; lieutenant, Amaury; sous-lieutenant, Benhoër.

9e compagnie : capitaine, Cohade; lieutenant, Delaplagne; sous-lieutenant, Béchu.

Adjudant-major : Durosay, capitaine.

Officier d'ordonnance : Roussel, lieutenant.

Officier d'habillement : Coltelloni, capitaine.

Officier d'armement : Bazin, sous-lieutenant.

Officier trésorier : Husson, lieutenant.

Officier de recrutement : Bonhardet, capitaine, au dépôt à *Tours*.

Adjudant : Bataille.

Vaguemestre : Chancerel.

Officiers de santé : Deloulme, Vincent, Vigouroux.

Commandant : Lipowski.

* *
*

Défendre le pays pied à pied contre l'invasion triom-
phante et entraîner, par notre attitude, toutes les populations dans un grand mouvement national, telle était
notre mission et point d'autre.

CHÂTEAUDUN.

Châteaudun n'avait pas attendu notre arrivée pour se lever en masse.

Beauce, terre des preux, les toits de tes sublimes enfants sont en cendres; mais ces cendres sont de celles qui, répandues par le vent, vivifient le sol qu'elles touchent et d'où la France un jour se relèvera meurtrie, ensanglantée, terrible, jetant à l'ennemi ton nom qui le frappera de remords et d'épouvante. *Varize, Civry, Lutz, Châteaudun,* si tous les Français avaient fait comme vous, les Prussiens, au lieu de chants de victoire, auraient à dire des prières de trépassés.

Que ceux qui parlaient de se rendre sans combat ne vous ont-ils pas vus armés de piques, de faux, de vieux fusils, courant les bois, battant les plaines, dix contre vingt, vingt contre cent, derrière vos murs, derrière vos haies, décidés à la mort plutôt qu'à la honte !

Votre exemple les eût entraînés ou votre mépris écrasés.

Quand les Francs-Tireurs de Paris se réveillèrent, en effet, le lendemain, ce fut au bruit du tambour de toutes les gardes nationales des environs. Deux mille hommes au moins défilèrent sur la place de l'Hôtel-de-Ville. C'étaient des hommes marchant en ordre, d'un pas ferme, le front haut. Le cœur palpitait d'espérance et d'orgueil à les voir.

Tout ce que nous demandions, vivres, voitures, logements, c'était à l'instant même que tout nous était accordé.

Nos âmes, si souvent froissées de réceptions froides ou hostiles, tressaillaient à rencontrer des sympathies généreuses. *Châteaudun* était devenue comme la ville de notre affection. Nous pouvions dire que nous étions tous prêts à mourir pour la défendre.

Gardes, patrouilles, reconnaissances se faisaient en commun. Dans le service, on partageait les fatigues et le danger ; au foyer, le pain et l'amitié.

Il eût suffi d'un peu d'habileté pour rendre ce lien indestructible entre la population et nous. Une proclamation, une grande revue, une réception des officiers de la garde nationale par les officiers des francs-tireurs et l'alliance était conclue.

Châteaudun comptait 1100 gardes nationaux ; Cloyes, Brou et les environs un millier ; les Francs-Tireurs de Paris 700 volontaires : c'étaient 3000 hommes qui auraient défié une armée.

Le commandant Lipowski n'eut pas cette idée ou n'en comprit pas la portée. Aussi, plus tard, quand la mairie devint soudain hésitante, irrésolue, les gardes nationales, habituées à prendre leur mot d'ordre de son hôtel, subirent-elles ses alternances de fermeté et de défaillance. Le faisceau des forces se trouva rompu, alors qu'il fallait la plus grande harmonie. Nous verrons que ce fut un malheur pour la défense de la ville.

* *
*

Notre campagne dans la Beauce, en effet, se divise en deux périodes bien distinctes.

Dans la première, les mairies, les populations marchent avec nous, sont aussi intrépides que nous.

Dans la seconde, la municipalité de *Châteaudun* nous abandonne et, avec elle, le concours des forces du pays.

J'aurais voulu écrire, sans critique, l'histoire de cette journée.

Ma plume aurait glissé rapide et joyeuse.

J'aurais été fier de m'écrier : tout le monde a fait son devoir!

Comme aux francs-tireurs et au corps d'officiers, j'aurais voulu applaudir au commandant.

Comme au maire de Varize, j'aurais voulu donner mon admiration sans mélange au maire de Châteaudun; mais en dépit de moi-même, je ne puis signer avec le conseil municipal cet éloge qu'il a décerné à M. Lumière dans sa séance du 19 octobre 1870... « Avant de se séparer, le conseil est heureux de pouvoir affirmer par un vote spécial, unanime, et approuver hautement et avec la plus grande énergie, la conduite ferme et courageuse tenue *vis-à-vis de tous indistinctement*, par M. Ernest Lumière, dans *toutes les circonstances* difficiles où s'est trouvée la commune et notamment dans les journées des 18 et 19 octobre 1870[1]. »

A mon regret, je ne puis féliciter le commandant Lipowski de s'être montré digne des honneurs dont l'a comblé son ami et compatriote, M. de Serres.

Mon langage sera obligé d'en prendre une tournure compassée pour éviter ce qu'il y aurait de trop brutal dans la vérité nue. Ma délicatesse sera souvent mise à l'épreuve.

Et cependant je me dois à la vérité.

Mais n'anticipons pas, et soyons d'abord tout à la joie.

*   *
*

Dans la première période, aux chauds rayons de cette bienveillance générale, de ce pur dévouement que j'ai signalés, que ne faisons-nous pas?

Nous sommes à la fois aux bourgs et dans les villes, cherchant partout l'ennemi à *Voves*, à *Germignonville*, à *Trancrainville*, *Rouvray*, *Janville*, *Angerville*, *Domer-*

---

1. Délibération du conseil municipal de Châteaudun. — Séance du 19 octobre 1870.

ville, *Monerville*, jusqu'au coup de tonnerre d'*Ablis*. (9 octobre.)

Tout était en feu. Les vieillards s'armaient, les hommes s'enrôlaient, les jeunes gens s'engageaient parmi nous, les femmes les excitaient.

Bonneval, *Voves*, *Boisville*, *Ouarville*, *Denonville*, *Roinville*, *Brou*, *Cloyes*, *Freteval*, *Blois*, *Vendôme*, Chartrains et Dunois enfin, à la première alerte, étaient debout, les uns aux beffrois, les autres aux murailles, ceux-ci groupés, ceux-là déployés, et dans mille costumes qui prouvaient que c'était la terre de France elle-même qui se soulevait contre l'étranger. Blouses, vareuses, cottes, tenues de pompiers, habits nationaux se mêlaient au milieu des splendeurs d'automne.

France, que tu fus belle dans ces contrées bénies !

Quoi ! disions-nous en grondant, l'Allemagne tuerait ce peuple et ravagerait ces champs....

Que tu fus redoutable !...

Les Prussiens n'osaient plus poser le pied nulle part. Il leur semblait, le jour, aspirer le vent brûlant d'une fournaise et entendre, la nuit, comme les sourdes menaces d'un peuple en ébullition.

Harcelés partout, jusque dans les sillons, ils ne voyaient d'ennemis nulle part.

Ici, les francs-tireurs ; là, les paysans ; deux pas plus loin, francs-tireurs et paysans.

Le 1er octobre, en voilà à Voves ; le 2, le 3 à Janville, à Angerville ; le 6, le 7 à Guebville ; le 8 à Ablis.

A *Voves*, des cavaliers ennemis amènent une réquisition de bétail. Les francs-tireurs s'embusquent et soudain se

montrent, leur coupant la route. Il n'est bêtes à cornes ni
à laine qui tiennent; c'est un sauve-qui-peut à travers la
plaine, devant les 30 ou 40 hommes de la 3e compagnie
d'avant-garde. Mais voilà que 8 ou 10 des plus hardis,
parmi lesquels *Deriau, Martinet, Roussel, Guélard*, avi-
sent une voiture, s'y jettent, et frappant la haridelle de
leurs crosses, poursuivent, pendant deux lieues, en plaine,
autant que l'animal a de souffle et de jambes, faisant feu,
feu toujours, 200 cuirassiers blancs qui, bride abattue,
comme l'éclair, comme des nonnes poursuivies par des
démons, fuient, fuient toujours, fuient au delà de Viabon,
au delà de Janville.

D'où viennent ces francs-tireurs?

De Châteaudun, qui est à 30, 40 kilomètres.

Comment ont-ils pu tomber là si soudainement?

Par le chemin de fer et les voitures, aidés par les renseignements des habitants.

A *Janville*, à *Angerville*, mêmes surprises, mêmes
succès.

A *Guebville*, autre attaque, autre avantage.

A *Ablis*, 2 escadrons de cavalerie et 2 compagnies
d'infanterie dorment paisiblement, mais pourtant fusil au
côté.

Dans un rayon de 20 lieues, tout est calme. Et puis des
barricades avec des vedettes sont là qui protégent contre
une attaque à l'improviste... La nuit est noire. Il pleut...
Quatre heures du matin sonnent et avec les tintements de
la cloche éclate une fusillade à bout portant...

Wer da! Wer da! dit l'Allemand.

A la baïonnette! dit le Français.

Les barricades sont détruites, escaladées ; deux fermes et puis le village sont envahis ; 75 prisonniers sont faits, 95 chevaux sont capturés et le reste de la troupe est en déroute.

120 francs-tireurs ont fait le coup.

D'où viennent ces francs-tireurs ?

De Châteaudun, qui est à 80 kilomètres.

Comment ont-ils pu tomber là si soudainement ?

Par le chemin de fer et les voitures, aidés par les renseignements du garçon de ferme et guidés par le brave et digne M. *Malfroy*, garde champêtre d'*Auneau*.

Le 9 au matin, à 10 heures, à *Denonville*, en ramenant nos prises, alerte. Les Prussiens furieux sont en force. Mais les gardes nationaux de Denonville sont avec nous. Tandis que nous nous fortifions dans le château, sous l'œil qui se rallume de nos prisonniers, eux, prompts comme la pensée, sont dans les champs, dans les buissons, d'où ils commencent aussitôt le feu. L'ennemi, stupéfait, s'arrête. Il n'ose poursuivre une colonne qui défile quelques minutes après, et qui lui paraît redoutable en infanterie, cavalerie et artillerie.

Les fantassins sont ses cuirassiers blancs sur quatre rangs, entre une double haie des gardes nationaux du haut pays Chartrain, accourus tous à la nouvelle d'*Ablis ;* les cavaliers sont nos francs-tireurs, grimpés comme de vieux lapins sur les chevaux des cuirassiers blancs ; notre artillerie, ce sont des voitures pleines du butin fait sur l'ennemi et qui ressemblent de loin à des caissons.

Profitant de son hésitation et trop faibles numériquement pour résister à son attaque, c'est nous qui nous éloi-

gnons, comme le lion avec sa proie, prêts aux coups de
dents et de griffes à la première menace.

Dites à présent que les Prussiens sont invincibles, in-
abordables, et que si la France le veut elle ne chassera
pas les hordes tudesques.

Mais il faut l'alliance sacrée de tous, soldats et citoyens.

Bismark sent le coup terrible que lui porte cette affaire.
C'est la première province qui se défend, et, dès les premiers pas, ce n'est pour lui qu'embuscades, escarmouches,
surprises, harcèlement où ses troupes sont battues, en-
levées.

Un escadron et quelques fantassins de moins, ce n'est
pas ce qui l'inquiète; mais que l'exemple gagne de proche en proche et la France, s'ouvrant comme un abime,
engloutira jusqu'au dernier des Allemands.

Aussi, c'est un calcul bien arrêté. Désormais, pour lui,
ses armes sont l'incendie, le vol, le meurtre, le sac des
villages qui se défendront. Et puis, ces francs-tireurs
d'Ablis sont les mêmes qui, partis de Paris, se sont
attachés à ses flancs depuis un mois et qui lui ont tiré du
sang à *Melun*, à *Milly*, à *Dannemoy*, à *Courrance*.

Il faut qu'ils disparaissent. Tous ceux qui seront pris
seront fusillés.

Déjà *Ablis* brûle; *Ablis*, cependant, qui a traité ses
soudards au champagne, qui nous a dérobé des Prussiens qu'il fallait aller chercher jusqu'au deuxième étage,
le revolver au poing, en passant sur le corps des habitants qui les protégeaient; *Ablis* donc, criminel envers
nous, mais qui, contre lui, n'a commis d'autre faute que
celle d'avoir été le théâtre involontaire de la lutte.

Mais qu'importe à *Varize*, à *Civry*, à *Châteaudun?*

Déjà aussi la nouvelle nous arrive que quelques-uns de nos hommes, attardés par la fatigue ou restés, malgré nos conseils, en traînards, ont été fusillés.

Mais qu'importe aux *Francs-Tireurs de Paris!*

Le 10, des cavaliers, toujours à notre poursuite et réclamant à tous les échos leurs cuirassiers blancs, traversent Varize. *Varize* les laisse passer; puis, au retour, les crible de balles.

Le 13, il s'en présente à Châteaudun. *Châteaudun*, désarmé, les reçoit à coups de fourches.

Le 14, les Prussiens reviennent plus nombreux sur Varize, et *Varize* encore les tue. Et *Civry* court sus aux fuyards, en tue aussi, en blesse aussi.

Qu'est-ce?... la terre commence à trembler sous les pas du vainqueur.

« Qu'on passe la charrue sur ces cités! » hurle l'envahisseur.

Et là où l'on comptait quarante ou cinquante défenseurs, s'abattent de quinze à seize cents Allemands, fantassins, cavaliers, artilleurs.

Font-ils peur à cette poignée de braves parmi lesquels est le maire, dit-on, le maire et le curé, M. Sortais? Non; les gardes nationaux de *Varize* et de *Civry*, les gardes nationaux, le 15 octobre, *seuls*, avec leurs mauvais fusils, attendent de pied ferme et luttent. Le curé, pour son compte, monté sur un arbre, y fait un feu roulant et n'échappe que par miracle aux recherches des Prussiens fouillant du regard jusque dans les branches qui l'abritent.

2

C'était à embrasser tous ces hommes défendant leurs foyers, leur sol, leur honneur, tant ils étaient beaux de bravoure.

Les Prussiens les ont fusillés, brûlés, pillés !

Sur quatre-vingts maisons à *Varize*, il en reste deux ; sur un égal nombre, à *Civry*, il en reste la moitié.

CHATEAUDUN A BIEN MÉRITÉ DE LA PATRIE ; MAIS CIVRY, MAIS VARIZE AUSSI ONT BIEN MÉRITÉ DE CETTE PATRIE.

Et si ma voix peut être entendue, je demande qu'on ne sépare jamais ces noms dans son admiration.

*
* *

Un Dunois s'est trouvé qui a écrit, au sujet de l'incendie de ces villes, une phrase malheureuse contre nous. « .... Je ne demanderai pas s'il convenait à un corps franc de se retrancher dans une ville ouverte et d'y *édifier tranquillement des barricades, tandis que l'ennemi se montrait à quelques kilomètres et brûlait, sans que personne l'inquiétât, plusieurs grands villages. Je ne rechercherai pas davantage si ce corps, fidèle au rôle qui lui était tracé, éclairait soigneusement les environs*[1]. »

Nous sommes dans la deuxième période.... Mais je ne puis laisser prendre corps à l'insinuation du *témoin oculaire* qui écrit au *Moniteur universel*, et dont se font l'écho, à l'envi, des brochures trop ostensiblement inspi-

---

1. Lettre de M. P. Montarlot au *Moniteur universel*.

rées par la mairie de Châteaudun.... revenue de ses ter-
reurs.

Cette mairie, je le répète, a fait son devoir jusqu'au
12 octobre. A partir de ce jour, et je l'affirme parce que
j'ai pénétré plusieurs fois dans le Conseil pour réclamer
l'aide qui nous était retirée, nos opérations ont été entra-
vées parelle.

La décision qu'elle prit, le 12, d'éloigner les troupes et
de désarmer sa garde nationale, le soulèvement que cette
mesure provoqua dans Châteaudun sont des faits authen-
tiques.

Et il est surprenant que, ne les ignorant pas, les auteurs
des articles calomnieux que je relève se soient portés nos
détracteurs avec tant de légèreté, au profit de M. *Lumière.*

Nous étions à Châteaudun sept cents francs-tireurs.
Qu'y faisions-nous? Des excursions à soixante et quatre-
vingts kilomètres, à l'est et au nord, c'est-à-dire face à l'ennemi, comme on vient de le voir.

Du 5 au 10 octobre, nous rayonnons dans tous les
sens : à *Voves, Germignonville, Trancrainville, Rouvray,
Angerville, Domerville, Monerville, Auneau, Ablis, Voves,
Chartres, Voves, Châteaudun*, soit plus de trois cents kilomètres en cinq jours, c'est-à-dire soixante-dix lieues, ou
une moyenne de quinze lieues par jour, allant, retour-
nant de tous côtés au premier appel des habitants, sur le
moindre indice, et ne perdant pas l'occasion d'un coup de
feu, comme en témoignent les affaires de Voves, d'Angerville et d'Ablis....

Et vous appelez cela ne pas éclairer le pays!...

Nous nous plaindrions, nous, que M. Glais-Bizoin ait raillé quand je lui demandai à Tours cinquante cavaliers, et, faute de cavaliers, au moins des chevaux, à charge au corps de former les cavaliers, cela se comprendrait.

Fantassins, en effet, au milieu d'un plateau immense, découvert, appelés à ne rencontrer longtemps que les masses de cavalerie ennemie, nous ne pouvions ou que nous exposer à nous faire cerner si nous allions à la découverte par petits détachements, ou nous mettre toujours tous en mouvement, en échelons, la deuxième compagnie veillant sur la première, la troisième protégeant la deuxième contre toute surprise, la quatrième veillant attentivement à ce qu'on n'enlève pas la troisième, et ainsi de suite.

D'autres, à notre place, devant tant de fatigues et de périls, se seraient contentés de se renfermer, en effet, dans une ville et d'y attendre l'ennemi.

Notre conduite à nous, notre bulletin, tous les pays qui nous ont vus, et Tournoisis que je n'ai pas cité, et les Prussiens les premiers, disent que nous, nous ne l'avons pas fait.

M. Montarlot est donc bien osé. Qu'il lise les pages aussi méchantes que la sienne qu'a écrites son émule, M. *Coudray*[1]; il verra qu'il y est parlé de diverses expéditions que M. *Coudray* veut bien trouver «*parfaitement inutiles* pour la protection particulière de Châteaudun....»

Ma foi! c'est à en rire.

---

1. *Defense de Châteaudun*, par L. D. Coudray.

M. Montarlot et M. Coudray sont deux amis.... non ?...
deux complices alors dans la petite trame de la mairie
pour accaparer tout le profit d'une défense à laquelle
M. *Lumière* n'a absolument pas concouru, et pour ne
laisser aux francs-tireurs, qui ont fait la majeure partie
de ce qui a été fait de bien et de beau, que des fautes,
que des extravagances, etc., etc.

Mais, disais-je, MM. Montarlot et Coudray écrivent
dans le même esprit de dénigrement. Or l'un dit : « Vous
ne faisiez pas de reconnaissances ; » l'autre dit : « Vous
en faisiez trop. » Le premier parle comme « témoin oculaire, » le second en s'écriant :

> Quæque ipse miserrima vidi,
> Et quorum pars....

Et moi, je réponds simplement :
« Voilà comment on écrit l'histoire ! »

Je viens de dire nos journées jusqu'au 10. Voyons la
semaine du 14 au 18.

A peine de retour de cette *reconnaissance* de six jours,
si M. Montarlot et si M. Coudray veulent bien me permettre cette expression, sans considérer notre lassitude
ni les sacrifices qu'il faudra nous imposer encore, nous
nous mettons, le 11, à la garde de la ville, aux postes
extérieurs, jusqu'à trois, quatre kilomètres : à Marboué, à
Jallans, à Lutz. Dévorant notre peine et usant nos forces,
c'est le cas de le dire, pour M. le maire et pour le *roi de
Prusse*, nous nous replions dans la nuit du 12 sur Courtalain et revenons le 13 à Châteaudun. Dans la nuit même
du 13, nous rétablissons nos grand'gardes ; le 14, nous

envoyons des patrouilles à Saint-Cloud, à Tournoisis, à
Moléans; nous lançons des compagnies à Varize et sur
l'ancienne route de Cloyes, car les Prussiens, à leur tour,
semblent paraître sur tous les points. Le 15, à la nouvelle
qu'ils brûlent et pillent le pays aux environs de *Saint-
Cloud*, de *Nobleville* et d'*Harville*, nous nous précipitons
à pied, en plaine, en trois colonnes, sur une étendue de
deux lieues, à la rencontre des ravisseurs de bœufs, de
vaches, de cochons; nous les atteignons, nous leur faisons
lâcher bœufs, vaches, cochons, après lesquels courent les
propriétaires en larmes. Le 16, nouvelle alerte, nouvelle
prise d'armes; et rentrant chaque soir, en pleine nuit, à
peine ayant le temps de manger la soupe, nos admirables
francs-tireurs vont aux barricades prendre la pelle et la
pioche, soulever les pavés, rouler des voitures, abattre
des arbres, creuser, fouiller péniblement enfin la terre
de leurs mains comme ils la battent et la sillonnent de
leurs pieds....

Et vous dites que nous *édifions tranquillement* des barricades!... que nous n'éclairons pas!... que nous ne vous
protégeons pas!...

Notre service moyen, le voici :

Une compagnie à Lutz et à Jallans.

Une compagnie à la gare et aux postes extérieurs, four-
nissant jusqu'à dix sentinelles la nuit, sur la ligne du chemin de fer.

Une compagnie de garde à l'hôtel de ville.

Une compagnie de piquet à la caserne.

C'est-à-dire quatre compagnies sur neuf et les autres
sans cesse en mouvement par les alertes, les demandes de

secours des environs.... Une nuit que le commandant était absent, je reçus jusqu'à dix courriers me demandant en moyenne une compagnie chacun....

Et nous *édifiions tranquillement* des barricades....

Combien nos hommes avaient-ils de nuits de repos? Pas une nuit entière.

C'est alors, précisément, que, les voyant succomber à la tâche ; que, révolté de les y voir seuls, tandis que mille hommes des gardes nationales d'alentour pouvaient battre la plaine, que mille hommes des gardes nationales de Châteaudun ne fournissaient qu'une compagnie de service et ne travaillaient pas aux barricades : c'est alors, dis-je, qu'avec le capitaine Kastner, je me rendis au conseil municipal qui nous mystifia une fois, deux fois, trois fois, nous promettant des travailleurs sur l'heure, et ne les réunissant que deux ou trois heures après, en envoyant quarante quand j'en demandais trois cents; c'est alors que l'un des conseillers, répondant au mécontentement que j'exprimai, par ces mots brefs : « La mairie donne tout ce que la ville possède de gens du métier, » je m'indignai de cette distinction malséante et répliquai, « que tout le monde était du métier quand la France agonisait, et que nos francs-tireurs n'étaient pas plus du métier que les gardes nationaux de Châteaudun. »

Le commandant eût dû, sur ces plaintes, faire battre le rappel et prévenir qu'à l'avenir la garde nationale lui obéissait.

Et la garde nationale eût applaudi. Nous aurions eu des travailleurs.

Qui, au contraire, a élevé les barricades?

Les francs-tireurs de Paris et des ouvriers de Saint-Jean qui, la plupart, n'étaient pas de la garde nationale. De ces ouvriers, au nombre de cent environ, il en est qui ont travaillé jusqu'à trente-six heures consécutives, se contentant, pour réparer leurs forces, d'un peu de pain, de fromage et d'un verre de vin.... Et la municipalité leur créait des embarras quand ils venaient toucher une indemnité!... « Allez vous faire payer par les francs-tireurs; ce sont eux qui vous ont occupés, » leur répondait-on.

Est-ce assez significatif?

La municipalité niera-t-elle qu'elle entendait que nous fissions barricades et combats pour nous épuiser et nous faire renoncer à une résistance, dont elle ne voulait plus déjà à la date du 12, avant l'incendie de Varize; et dont, après cet incendie, elle frémissait?

Sans doute, les cruautés commises sous nos yeux par les Prussiens étaient bien faites pour porter à la réflexion. Je ne nie pas qu'il y ait eu sagesse à prévoir d'abord les conséquenses terribles qu'aurait pour la ville la défense, soutenue surtout par les francs-tireurs de Paris.

Mais de là, à nous rendre responsables de ces cruautés, à nous venir accuser d'avoir laissé brûler ces villes et ces villages, il y a toute la différence du sérieux au grotesque, sinon à l'odieux.

L'administration était dans son devoir, en représentant à la population les risques qu'elle courait; mais dès qu'il y avait unanimité dans cette population et chez les francs-tireurs pour sacrifier leurs biens, leurs richesses, leurs jours pour la patrie, l'administration, son devoir de remontrance accompli, devait rendre hommage à la grandeur d'âme de ses concitoyens, se rallier au vœu général et monter sur la brèche avec nous.

C'est ce qu'elle n'a ni compris ni fait.

Le 12 octobre, n'ayant plus le courage de consommer le sacrifice résolu, elle convoque dans un conseil le commandant Lipowski, un chef d'escadron de hussards arrivés la veille, et un commandant de gardes mobiles du Gers, je crois, nouvellement débarqués aussi ; elle communique ses frayeurs personnelles aux autorités militaires qui, saisies de je ne sais quelle fantastique nouvelle, font sonner, à dix heures du soir, la marche du bataillon, le boute-selle et la générale. Nos hommes qui étaient aux barricades, à ce forcené rappel, laissent tomber pelles et pioches. Qu'y a-t-il que l'escadron passe rapide, en retraite sur *la Bazoche ;* que la mobile le suit…. Il y a que nous avons ordre de battre nous-mêmes en retraite sur *Courtalain.*

Ce déploiement formidable de troupes que nous admirions naguère se dissipait à l'approche du danger.

Nous avions joué aux soldats.

Au lieu que la chute d'Orléans, que la destruction des communes et des cantons voisins, que les menaces de l'ennemi mettent de plus grandes résolutions aux cœurs de ces Français si nobles hier, ces catastrophes y jettent l'alarme.

La voix effrayée du maire donne peur.

A cette voix, nous nous dissipons dans la nuit comme des ombres, et la garde nationale rend ses armes à onze heure du soir ! A onze heures du soir ! ! !

Châteaudun ouvrira-t-il donc aussi ses portes à l'ennemi? Châteaudun mentira-t-il à sa devise : « *Extincta revivisco!* » et tremblera-t-il devant de nouvelles flammes?

Les francs-tireurs seront-ils toujours le jouet des mairies? Feront-ils les fanfarons tant que les armées ennemies seront loin et fuiront-ils au pas retentissant du premier uhlan sur la grand'route?

Non, non.

Le commandant Lipowski aurait dû se souvenir que c'était pour des actes d'irrésolution moins qualifiée que nous avions changé son prédécesseur et qu'il avait attiré les voix sur son nom en en faisant une critique amère.

Il devait, ferme et prévoyant, épargner au bataillon les cruelles paroles de la ville basse, nous reprochant avec justice un départ précipité, en pleine nuit, comme des poltrons, quand nous avions presque fait le serment de mourir en combattant et que nous avions mis la ville en révolution par nos préparatifs de défense.

Il aurait dû, au lieu de décider des destinées du bataillon dans une sorte de conciliabule avec M. le maire, convoquer le conseil de défense que nous avions donné à M. Arohnsonn et prendre avis de ses compagnons d'armes.

Le maire l'a trahi; ses compagnons d'armes l'eussent soutenu.

Mais non, ai-je dit, nous ne fuirons pas. La garde nationale, en effet, réfléchit dans cette triste nuit du 12, et s'indigne de son désarmement. A peine les premières lueurs du jour éclairent l'hôtel de ville, qu'elle est là frémissant, réclamant ses fusils et ses cartouches et nous envoyant des courriers pour nous rappeler.

Un moment c'est presque une révolte, à cause des gardes d'*Alluyes* et de *Bonneval* qui arrivent et rappellent aux Dunois leur crânerie.... de la veille.

La mairie, obligée de céder, avoue qu'elle n'avait pas de nouvelle positive et appose des affiches qui rejettent toute la responsabilité sur les commandants.

« Les commandants de hussards, de mobiles, et des « francs-tireurs, disent ces affiches, ont fait une recon- « naissance, à la suite de laquelle il est résulté pour eux « que l'ennemi se dirigeait en très-grandes forces sur « Châteaudun.... et que la défense était impossible. »

« C'est faux ! » riposte par affiches aussi le commandant Lipowski pris au piége : « c'est le sous-préfet, au nom de « la ville, qui a répondu que l'on ne se défendrait pas « pour ne pas exposer la ville au pillage et à l'incendie.... « Pour lui, il désavoue complétement le désarmement « de la garde nationale de Châteaudun. »

Quoi qu'il en soit de ces diverses allégations, mais en *affirmant* cependant qu'aucune reconnaissance assez importante n'avait été faite pour assurer l'arrivée de *corps considérables;* que la veille de la bataille de Châteaudun. à sept heures du soir, nous étions dans la plus absolue ignorance encore, sinon par les renseignemens contestés d'un brave spahi, qui faisait à lui seul toute notre cavalerie; quoi qu'il en soit, mais en proclamant que ce n'était pas, dans tous les cas, à l'autorité militaire à accepter les décisions de l'autorité civile, mais à l'autorité militaire à dicter ses volontés à l'autorité civile; quoi qu'il en soit, mais en déclarant que je ne comprends rien absolument aux intentions du maire qui dit, dans son

rapport du 18, avoir sollicité des troupes pour la défense
de la ville et qui, ces troupes arrivées, n'a de hâte que de
les faire partir pour envoyer de nouveau des télégrammes
demandant le retour de ces forces qu'il a dispersées;
quoi qu'il en soit, mais en déclarant encore que je ne
comprends pas davantage le commandant Lipowski dés-
avouant le désarmement de la garde nationale quand'il
bat en retraite, lui, enlevant à Châteaudun le meilleur de
ses troupes : quoi qu'il en soit, dis-je, les armes qui s'en-
fuyaient, sous la conduite du commandant *Testanière* de
la garde nationale de Châteaudun, furent ramenées, les
gardes réarmés, et les francs-tireurs et les hussards et les
mobiles rappelés.

Pour ce qui est de nous, nous nous étions arrêtés à
Courtalain, les hussards et les mobiles poussant jusqu'à *la
Bazoche*.

L'étape s'était faite sans murmure, à cause de l'esprit
d'obéissance que nous avions donné au bataillon. Mais
pendant cette marche de nuit aussi, nos hommes avaient
pensé et les quolibets des Dunois leur trottaient dans la
tête; au jour, il était visible qu'il y avait du mécontentement dans nos rangs et qu'un orage se préparait. Des
voix commençaient à s'élever ouvertement, condamnant
la continuation d'un système que nous avions déjà blâmé
à *Milly* et condamné dans la personne de notre premier
commandant.

Peut-être allions-nous avoir notre sédition aussi,
quand le bruit court que nous allons reprendre le chemin de notre chère petite cité.

C'est, à cette nouvelle, une explosion de joie chez nos

braves francs-tireurs. La route se fait gaiement, malgré
l'étape de la nuit et le mauvais déjeuner du matin; et, à
notre rentrée dans Châteaudun, à neuf heures du soir,
ce sont des chants patriotiques et des cris d'enthousiasme
comme jamais Châteaudun n'en a entendu. *Vive Châteaudun! vive les francs-tireurs! vive la France!* disaient
toutes ces poitrines vaillantes. Et sur les seuils, comme
dans nos rangs, on reprenait en chœur ces vers sublimes :

> Par la voix du canon d'alarmes,
> La France appelle ses enfants....
> Allons, dit le soldat, aux armes !
> C'est ma mère, je la défends.
> Mourir pour la patrie,
> C'est le sort le plus beau, le plus digne d'envie.

Que Châteaudun dise s'il a dans son histoire une plus
belle nuit !

Mais que de fatigues inutiles, que de temps perdu pour
nos opérations et, en dépit de cet héroïque entraînement,
quel désarroi le 14 octobre !

Les autorités civiles et les autorités militaires ne s'en-
tendent plus.

Nous sommes dans la deuxième période. La garde nationale est divisée en deux camps : l'un pour, l'autre
contre les décisions de la mairie. Les hussards, les mobiles, les gardes nationales de *Cloyes*, de *Bonneval*,
n'ont pas de centre de ralliement, et tirent chacun de
son côté.

Les francs-tireurs eux-mêmes, au milieu de tant d'hé-
sitations, sont un moment désorientés.

Dans quatre jours cependant, les Prussiens seront là, vraiment, cette fois.

Allons, francs-tireurs, au travail !

Et que chacun ait de l'initiative, de l'intelligence et du courage. Officiers, groupons-nous; soldats, venez à nous, puisque nous n'avons pas de direction.

LE COMMANDANT LIPOWSKI

ET LE BATAILLON.

Un mot sur le commandant Lipowski est nécessaire.

Décidés comme nous l'étions, on ne concevrait pas que nous ayons flotté au gré du souffle plus ou moins patriotique ou courageux des maires, si je ne disais le caractère militaire du commandant; on ne concevrait pas davantage la discipline ni les beaux faits d'armes du bataillon, sous son commandement, si l'on ne se pénétrait bien de l'esprit de corps des officiers et des francs-tireurs.

D'humeur aimable et d'esprit habile, jetant facilement et son argent dans les dépenses, et le sel cuisant sur les actes de faiblesse, trop nombreux à cette époque, de nos chefs militaires, le capitaine Lipowski prit du prestige au bataillon et fit croire que la netteté et l'énergie prési-deraient à ses opérations, s'il était investi du commande-ment.

Une occasion se présenta.

Le commandant Arohnsonn donnant quelques sujets de mécontentement, le capitaine Lipowski, à Moret, fut nommé, au vote, pour le remplacer; et, à la suite d'une sédition qui faillit nous désorganiser à Tours, demeura commandant supérieur des francs-tireurs de Paris.

Il ne répondit pas à l'espérance qu'il avait fait concevoir. Se prenant à donner cours à ses caprices et à ses fantaisies, on ne peut citer de lui la plus petite action qui ait été entreprise, conduite et menée à sa fin avec le calme, la prévoyance et l'ensemble de vues qui sont les premières qualités du commandement.

A Ablis, qui est son seul fait d'armes, il n'aurait pas dû attendre une heure avant de commencer l'attaque, car il nous exposait à être découverts par une patrouille, il laissait l'enthousiasme des hommes se dissiper sous la pluie fine et le froid, il leur donnait le temps de réfléchir au danger que grossit la nuit. Le revolver au poing, il a pris part au début de l'engagement; mais, pendant ce temps, qui pensait à la diversion que l'ennemi pouvait faire sur nos derrières? Et, le village emporté, notre capture entre les mains, qui a organisé rapidement la retraite et une arrière-garde pour nous préserver d'une surprise au milieu de notre succès? Ce n'est pas lui. Et ce devait être lui.

Plus tard, on ne le vit jamais préparer, discuter, combiner un plan, non plus que s'inquiéter du bien-être et de l'esprit des troupes.

Tout aux chevauchées et aux prérogatives du commandement absolu, il se forma une cour et vécut au milieu d'elle, laissant à l'aventure les décisions les plus graves, en prenant une sans réflexion, en changeant l'heure d'après avec facilité et, l'heure d'après, disparaissant dans un brillant nuage, abandonnant, sans instructions, les officiers appelés à le remplacer dans le commandement.

Il ne pouvait y avoir qu'irrésolution et désordre dans toutes ses entreprises, avec ce système.

Que ses partisans, s'il en a encore, citent de lui un jour où il ait été sans reproche.

A Châteaudun, il part précipitamment à sept heures du soir; à Cloyes, il fait une démonstration fastueuse sur Châteaudun, à la tête de 2000 hommes, pour surprendre deux escadrons de cavalerie qui lui échappent, et laissant une seule compagnie à Cloyes, l'objectif direct de l'ennemi, qui était signalé en force à Ouzouer-le-Marché, à Ecoman et aux environs; à Tournoisis, le matin, le jour de Coulmiers, il hésite; le soir, voulant former des colonnes de divison, il met le désordre parmi les compagnies qui sont en colonne sans ordre de numéro; à Patay, il n'est jamais qu'au quartier général où il se rend, traînant à sa suite une escorte de maréchal de France, tandis que nous manquons de cavaliers pour nos reconnaissances; à Varize, il ne barricade pas les rues, ne perce pas les murs, ne se sert pas de son artillerie; aux fermes de Pezelles, il se laisse surprendre par quinze ou vingt cavaliers, etc., etc. Pendant toute la campagne, il nous envoie régulièrement dans les villes en pleine nuit, sans cantonnements préparés, sans positions reconnues, sans service commandé à l'avance.

Aussi que de colères, que d'impatiences n'a-t-il pas

provoquées! Que d'emportements contre lui n'ont pas apaisés les officiers dont l'union et les efforts pénétraient nos hommes de respect!

Nous nous tenions étroitement liés par le cœur et la communauté de sentiments.

Dans les marches, dans les combats, dans les séjours, nous avisions en commun aux difficultés, aux fautes, aux négligences, attentifs à ne jamais rompre la concorde qui régnait entre nous et satisfaits quand nous voyions le bataillon en être joyeux, confiant, dévoué.

A voir ce bataillon si docile à nos ordres et marcher au feu si vaillamment, qui s'est douté que nous portions en nous ce germe de dissolution?

C'est que l'abnégation a été grande chez tous, et qu'il suffisait de penser aux malheurs de la patrie pour oublier griefs et ressentiments.

Mais si, par amour de la patrie, pendant la campagne, au milieu des hommes à qui il fallait donner l'exemple de l'obéissance et de la discipline, nous avons étouffé nos voix grosses de reproches, laissant tout l'honneur au commandant et prenant pour nous toute la peine, aujourd'hui il faut justice à ce corps d'officiers qui a montré une vertu si grande. Il faut justice à ces francs-tireurs de *Paris-Châteaudun*, dont le nom est pour ceux qui les ont connus synonyme de patriotisme, de bravoure et de dévouement.

J'ai été le plus sévère de tous les officiers au feu; le combat fini, je dois être le premier à réclamer pour chacun le mérite et le prix de ses œuvres, déclarant d'ailleurs que j'ai, aujourd'hui comme alors, la plus profonde horreur pour ces popularités équivoques acquises au détriment du devoir ou de la dignité.

A la louange donc du bataillon[1], je proclame que nul régiment n'a donné un exemple plus beau de discipline et de valeur;

Que ce résultat fut l'œuvre de tous, comme notre renom est notre gloire à tous.

Châteaudun, d'ailleurs, est l'expression fidèle de notre vie, de notre caractère, des trésors renfermés dans cette poignée d'hommes qui vont, dans une ville ouverte, se défendre 1 contre 12.

---

1. Je n'entends parler que du bataillon issu de Paris, — et qui, recruté des nombreux volontaires, attirés à nous précisément par notre belle et solide organisation militaire et le renom de nos coups de main heureux, puis, plus tard, de mobiles de la Creuse, — devint régiment à deux bataillons, commandants *Boulanger* et *Kastner*. Nous sommes francs-tireurs de Paris et nous ne sommes pas solidaires des corps francs que, par une grande inconséquence, M. Lipowski acceptait sans contrôle pour grossir son corps. C'est pour bien établir cette distinction que nous sommes convenus, en conseil d'officiers, de nous appeler *Francs-Tireurs de Paris-Châteaudun.*

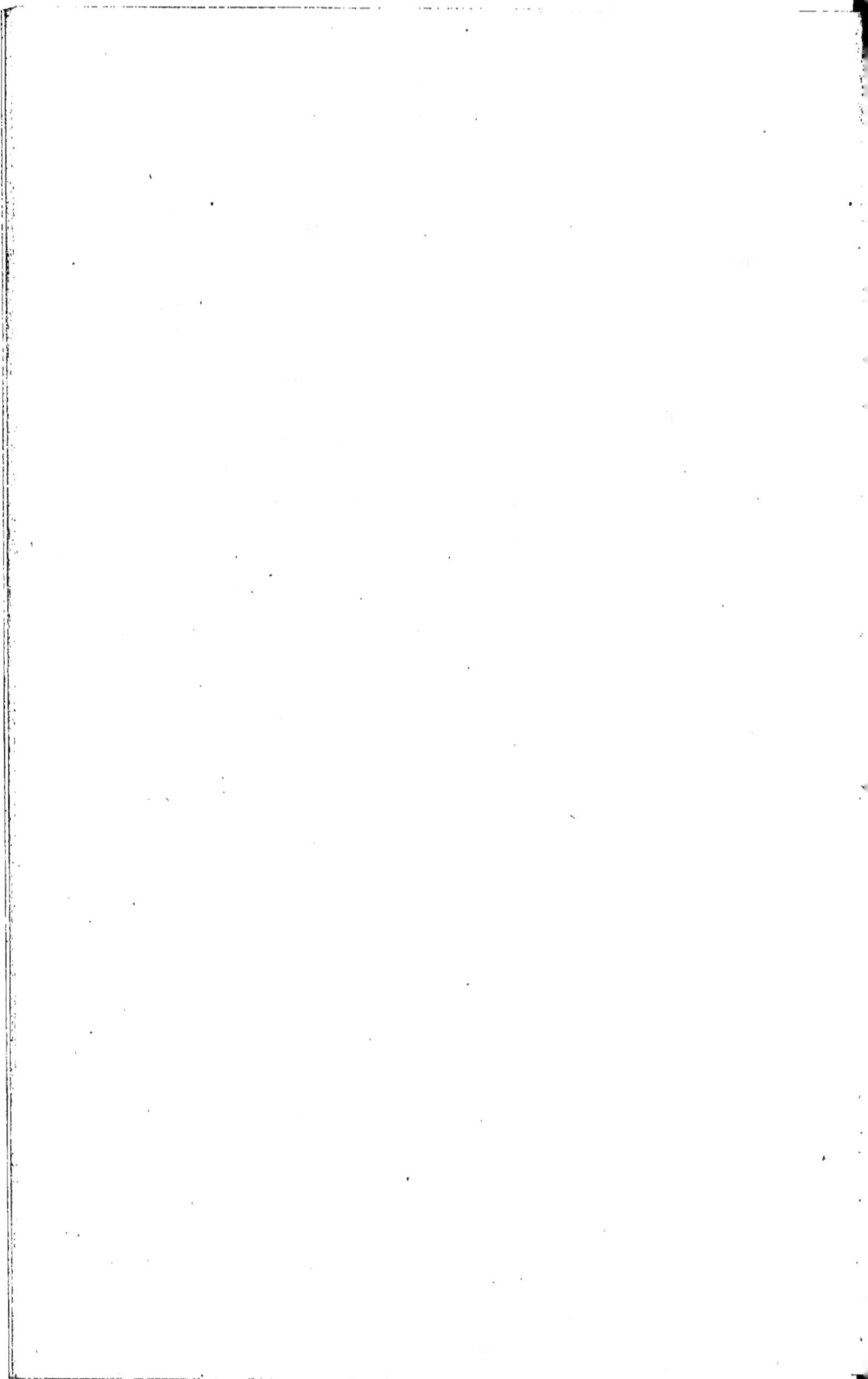

INCENDIE DE CIVRY ET DE VARIZE.

Avant d'aborder cette journée, je dois prouver jusqu'à l'évidence que si Varize et Civry ont été incendiés, nous ne saurions en avoir la responsabilité en aucune façon.

J'ai dit déjà les pénibles labeurs au milieu desquels était venu nous surprendre l'ordre de battre en retraite sur Courtalain. C'était le 12, dans la nuit. A notre retour à Châteaudun le 13, à 8 heures du soir, le bataillon avait donc une nuit entière sans sommeil et deux étapes forcées. C'est le lendemain 14 que 200 uhlans se présentèrent, sans que nous en fussions informés et qu'ils furent repoussés par la garde nationale, ce qui les excita à reparaître le 15, au nombre de 1500, soutenus par de l'artillerie.

Il est vrai que le maire de Varize, ce jour-là, vint lui-même demander du secours au commandant. Vu le service pénible du bataillon à ce moment, le commandant répondit ne pouvoir donner plus d'une dizaine d'hommes. Le maire s'en contentait. Le commandant eût dû en conséquence les faire partir aussitôt en voiture, au lieu d'obliger le maire à venir réclamer ce renfort promis deux ou trois fois de suite, et à une heure au moins d'intervalle, sans les obtenir.

Mais ces 10 hommes pouvaient-ils sauver Varize et Civry? Toute la question est là. C'est assez répondre que de dire que les Prussiens étaient 1500 avec de l'artillerie.

Que le commandant ait eu tort de promettre et de ne pas tenir, oui, surtout qu'il était en présence d'un homme digne, dévoué, prêt à tous les sacrifices pour repousser l'invasion et qu'il le retenait loin de ses concitoyens qui attendaient impatiemment son retour. Mais, pour ce qui est de défendre Varize, c'était impossible.

D'abord, parce que nous avions résolu de nous défendre à Châteaudun ; que changer encore une fois d'idée eût mis le comble à la mesure du mécontentement; que, prévenus à 10 heures d'une attaque probable pour midi, nous n'aurions pu arriver à temps, Varize étant à 15 kilomètres ; que renoncer enfin à défendre Châteaudun pour Varize était une absurdité. En admettant que nous eussions eu un premier succès, les Prussiens, informés que Châteaudun était libre, y seraient entrés, auraient occupé Bonneval, se seraient présentés devant Varize, nous enveloppant ainsi dans un triangle d'où aucun de nous ne serait sorti. Une centaine d'hommes au débouché des passages donnant sur le Perche, et ceux qui auraient échappé à la mort pendant le combat étaient condamnés à errer et à mourir de faim dans les marais de la Conie, où nous pouvions encore tous nous engloutir, ces marais dangereux offrant une terre ferme en apparence, et n'étant que boue en réalité. Quant à avoir enfin, pour parer à toute éventualité, un poste à 15 kilomètres, quand nous ne disposions que de 700 hommes, que les villages sont à plus de 5 kilomètres les uns des autres, que tout le parcours est en plaine et que nous n'étions que des fantassins, c'eût été tout simplement insensé que d'en concevoir la pensée.

Si donc Varize et Civry ont été brûlés par la négligence de quelqu'un, que chacun s'interroge!. Pour moi, je m'inscris en faux contre toute accusation qui en ferait tomber la responsabilité sur notre bataillon.

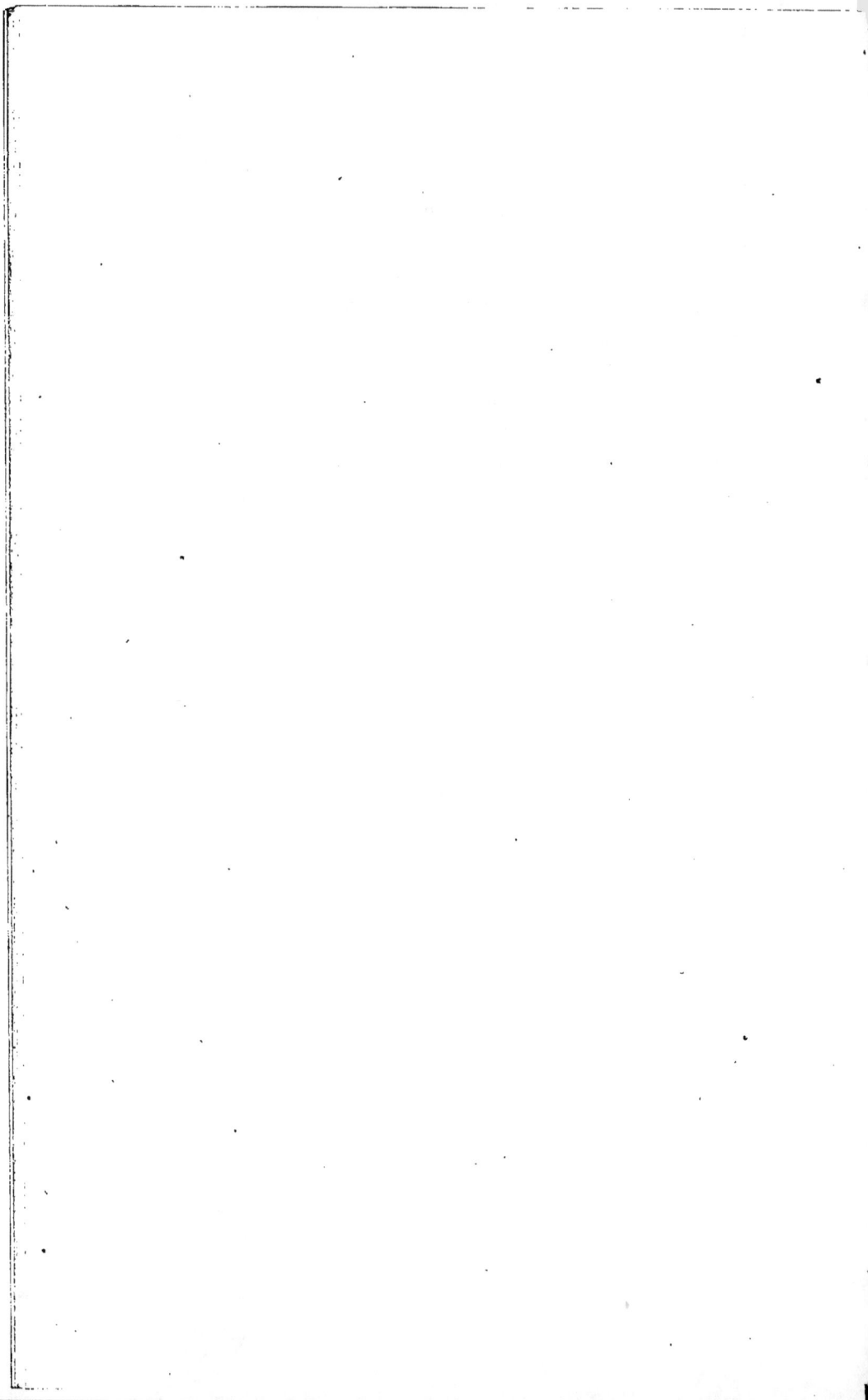

PLAN DE DÉFENSE.

La défense de Châteaudun était décidée, en principe, après *Ablis*.

Je ne crois pas pouvoir mieux faire, pour récapituler les préliminaires du chapitre précédent, que de reproduire les premiers paragraphes du rapport officiel *circonstancié, mais sans commentaires*, que j'adressai avec une carte à M. le ministre de la guerre, le 24 octobre 1870.

Ce rapport a été publié par plusieurs journaux, entre autres le *Nogentais*, qui a bien voulu en prendre l'initiative, la *Sarthe*, l'*Union*, etc.

Je le suivrai mot à mot pour l'exposition du plan de défense et de la bataille, mettant entre guillemets tous les extraits que j'en ferai.

Le lecteur pourra se convaincre ainsi que je n'ai rien à changer aujourd'hui que je me suis renseigné auprès de

tous mes frères d'armes, et que je publie ces souvenirs
sous leur contrôle.

RAPPORT OFFICIEL [1].

Nogent-le-Rotrou, le 21 octobre 1870.

A Monsieur le Ministre de la guerre.
(*Monsieur Gambetta.*)

« Monsieur le Ministre,

« J'ai l'honneur de vous adresser le rapport circonstancié de la bataille de Châteaudun, suivant que votre
dépêche du 19 octobre m'y invite.

« Le bataillon à peine rallié à Châteaudun après l'affaire d'Ablis (9 octobre), nous apprenions dans les jour-

---

1. M. le commandant Lipowski ayant battu en retraite trois heures avant
moi, et ne sachant ce qu'il était devenu, je télégraphiai de *Brou* à M. le Ministre de la guerre à peu près en ces termes : « Brou, trois heures du matin,
19 octobre. Défense de Châteaudun par francs-tireurs de Paris. — Combat
depuis midi de sept cents hommes contre dix mille et artillerie. — Retraite en
bon ordre à onze heures du soir après prise et reprise de la ville. — Commandant parti à huit heures. — Pas de nouvelles de lui. Je me dirige avec
mes trois cents hommes sur Nogent-le-Rotrou. »
A ce télégramme je reçus, par dépêche, la réponse suivante : « Guerre à
capitaine Ledeuil. — Brou. — Ralliez-vous à Nogent-le-Rotrou et faites-moi
un rapport de l'affaire de Châteaudun. — Envoyez en même temps les rapports des autres chefs de francs-tireurs qui auront rejoint. »
Le commandant, qui était allé à Courtalain, revenant à Nogent-le-Rotrou,
je lui laissai recueillir les rapports des officiers, mais me réservant d'adresser
directement le mien, conformément aux ordres du Ministre.

nées des 11 et 12 que l'ennemi poussait des excursions dans notre direction, incendiait les villages et menaçait la ville.

« Le 11, au soir, renforcés d'un escadron de cavalerie et de deux compagnies de gardes mobiles, la défense de Châteaudun avait été aussitôt résolue ; quelques dispositions avaient été prises déjà dans la journée du 12, lorsque vers huit heures du soir, le bruit s'accrédite d'un corps considérable s'avançant à travers champs.

« Le conseil municipal consulté se refuse à la défense ; ordre est donné de se replier sur Courtalain pendant la nuit.

« Mais l'alerte, causée par des dépêches ayant pourtant cachet officiel, était fausse.

« Le 13, nous rentrions à Châteaudun, rappelés par la population, irritée de la décision municipale.

« Le 14, revenaient à leur tour cavalerie et mobiles qui étaient allés coucher à la Bazoche.

« Dès ce moment, il fut arrêté que les francs-tireurs défendraient Châteaudun, dût le bataillon s'y ensevelir.

« Chargé, » de vive voix, « par le commandant Li-« powski, d'organiser la défense avec le concours des « capitaines Kastner, Boulanger et Durosey, » j'allais me mettre résolûment à l'œuvre et appeler ces officiers à la discussion d'un plan, quand je les rencontrai ayant déjà ordonné des travaux. Le commandant les avait investis, de la même façon, des mêmes pouvoirs. La cordialité de nos relations empêcha que nous entrions en délicatesse et nous •nous distribuâmes le travail. Je dois relater, pour

montrer l'action dissolvante qu'exerce un mauvais commandement, qu'un jour pourtant, des défenses que j'avais
recommandées tout spécialement dans la rue d'Orléans
aux lieutenants Scheffter et Brenière, ayant été détruites
sur l'ordre du commandant et sans que j'en fusse pré-
venu ; que, trouvant d'autres barricades en construction
sur des points que je n'avais pas choisis, entre autres au
Champdé et rue de Chartres, je déclarai résigner mon
mandat.

Des travaux, en effet, s'élevaient inutiles ou mal com-
binés ; d'autres, entièrement terminés, étaient démolis
sans me consulter ni me demander si enfin j'avais un
système de défense, ni, ce qui était plus désolant, me dire
alors : opérez suivant ces données ; car à la guerre surtout,
il faut être carrément chèvre ou chou. Par suite de ce dés-
accord, les travailleurs manquaient aux endroits essen-
tiels et se fatiguaient en vain aux points forts ; la zone
que je croyais défendue ne l'était plus ; je ne pouvais
accepter une situation semblable.

Ce jour, chacun était tenté de jeter le manche après la
cognée. Pour moi, j'envoyais tout le monde au comman-
mandant.

Mais ce fut dans mon cœur l'orage d'un moment. Je
repris avec ardeur la direction des travaux et je fus puis-
samment secondé par tous les officiers soit comme conseil, soit comme énergie, dans la conduite des divers ou-
vrages.

Les Prussiens, étant à Orléans et à Varize, ne pouvaient
se présenter que par les deux routes de Janville et d'Orléans, qui se confondent en une seule artère à quel-

ques centaines de mètres de la gare, à l'est de la
ville.

La ligne du nord au sud, *Bonneval*, *Cloyes*, *Freteval*,
étant occupée par les mobiles et les gardes nationaux de
ces localités, pour nous cerner et nous couper la retraite
dans le Perche, il eût fallu d'abord occuper le pays Chartrain et le pays Dunois; les Prussiens ne pouvaient faire
ces mouvements sans nous donner l'éveil et sans s'exposer
à être englobés eux-mêmes au milieu d'une population
alors tout entière en armes. Au nord, enfin, la Conie et
le Loir étaient deux obstacles sérieux et périlleux pour un
corps d'armée en marche.

Selon une presque certitude donc, l'attaque viendrait
du côté Est.

« Deux plans se présentaient : ou faire deux enceintes
de fortifications à l'intérieur et à l'extérieur; ou se barricader seulement *intra muros*.

« Le premier plan, » qui souriait le plus aux capitaines
Kastner et Boulanger, « consistait à s'appuyer : *à gauche*,
sur la gare et la maison E avec barricade-redoute A sur
la route n° 10 et l'abattoir comme ouvrage avancé; *à
droite*, sur les ponts B C D commandant toute la plaine
en avant; à occuper, *au centre*, la ligne du chemin de
fer de A en D.

« Pas une pièce n'aurait pu être mise en batterie par
l'ennemi, sans être démontée aussitôt; pas un rassemble-
ment d'infanterie ou de cavalerie possible sous nos feux
de peloton, sans des pertes immenses. »

De tous ces points, en effet, on domine la plaine à l'est

ainsi que le petit village de *Jallans*, à un kilomètre environ du chemin de fer.

« *Au midi*, pour parer au mouvement tournant vers la droite, la caserne devait être défendue par 60 hommes, une barricade s'élever en F, une en G; la cavée des Religieuses et la cavée de la Reine sauter, des abattis être faits *chemin de la Bretèche et ancien chemin de Cloyes;* — *la ferme des Récollets* être occupée par nous, ce point d'antant plus défendu qu'il couvrait notre retraite.

« *Le nord* était inexpugnable, fortifié qu'il est naturellement par les bras du *Loir*, par les pentes abruptes de la ville de ce côté et par la position, sur leur crête, de maisons particulières, de la promenade du mail et du château de Luynes.

« Deux hommes à chaque descente, en cas d'attaque, auraient suffi rien qu'en faisant rouler des pierres.

« Quelques coupures dans la rue des Fouleries, qui serpente au pied de ce talus, faisaient de ce chemin de nouveaux thermopyles.

« Ainsi protégés, nous attaquer de front était dangereux; nous tourner par la gauche, impossible; nous tourner par la droite, très-difficile. La défense était donc très-belle, surtout à considérer les travaux de la deuxième enceinte, dont je parlerai tout à l'heure.

« Mais ces deux enceintes exigeaient :

« 1° 2000 hommes de garnison; — nous n'étions que 700 francs-tireurs de Paris; cavalerie et mobiles nous avaient quittés; les francs-tireurs de Nantes, de Cannes et de Blois n'étaient pas arrivés et ne nous apportaient d'ailleurs qu'un contingent de 200 hommes.

« 2° Une exécution rapide (l'ennemi étant proche), que ni les rares matériaux, ni le petit nombre de travailleurs mis à notre disposition par la ville ne nous permettaient d'obtenir.

« Je me résignai à regret à barricader seulement l'intérieur, sous réserve de profiter de tous les répits pour combiner les deux systèmes et d'achever la défense entière si le temps le permettait.

« L'armée ennemie devant, dans ma pensée, se présenter de front sur la route de *Tournoisis* n° 133 et tenter de nous tourner par notre droite, le point faible, deux lignes de retraite étaient à garder : une, par le chemin des Récollets sur *Courtalain*, si son mouvement tournant échouait; l'autre, derrière le Loir, sur *Marboué* et les marais de la Conie, si le mouvement réussissait.

« En conséquence, des barricades furent établies dans les 3 artères donnant accès sur la place de l'hôtel de ville (notre réduit) : rue d'Orléans, rue de Chartres, rue d'Angoulême, n°s 1, 2, 3 — 4 et 5 battaient la rue du Bel-Air.»

A partir de la barricade 1, tout le côté gauche de la rue d'Orléans, ayant des issues dans des champs en communication facile avec le boulevard *Grindelle*, devait être obstrué; les chemins de *Grindelle, de Toutin* et n° 29, ainsi que le chemin de fer, coupés et embarrassés de chaque côté avec des arbres, des madriers, des rails, des wagons ou grosses voitures que j'avais demandés à M. le chef de gare, dont je suis heureux de reconnaître l'obligeance et le patriotisme.

« Le réduit serait protégé par les barricades 7, 9, 10 et 11.

« Divers obstacles et autres petites défenses embarras-
seraient l'ennemi de façon à le forcer à se présenter partout de front ou à détruire les abattis sous notre feu.

« Au midi, barricade F, quartier, barricades G,
L, obstacle H, butte Y et mur crénelé I avec obstacles
aux *cavées* garantissaient d'un mouvement tournant notre
aile droite.

« Le mouvement tournant par notre aile gauche était
paré : 1° par cinq coupures profondes et des abattis, exécutés au *moulin de la Boissière*, à la *descente du gué aux
chevaux*, à la *descente de la Levrette*, à la *descente du
Mail*, à la *descente de Saint-Pierre*, celle-ci renforcée
d'une barricade, et toutes garnies de pieux durcis ou de
planches à clous dans le fond; 2° par les barricades 2,
8, 6, 7.

« Malheureusement, la municipalité de Châteaudun ne
nous prêta qu'un concours *forcé* pour tous ces travaux,
qui, vu la présence de l'ennemi, demandaient 500 travailleurs pendant 3 jours. C'est à peine si nous en avons
réuni 100.

« Malheureusement, un nouvel ordre de quitter Châteaudun, arrivé le 16 au soir, nous fit interrompre nos
travaux une deuxième fois, » ce qui démontre, en dépit de
toutes les protestations, qu'après *Courtalain*, on poursuivait encore l'idée de ne pas nous laisser défendre la ville
et que toutes les entraves apportées à nos travaux étaient
intentionnelles.

« Le 17, nous les reprenions, mais sans tant d'activité,
toujours d'ailleurs sous le coup d'un départ prochain.

« Le soir du 17 enfin, nous savions que nous pouvions

défendre la ville ; des renforts en artillerie et des mobiles nous étaient annoncés. Ils ne vinrent pas.

« Toute cette nuit et la matinée du 18 furent aussi bien employées que possible ; mais les deux tiers de la défense étaient seuls achevés et je n'avais eu le temps que de donner des numéros aux postes, la veille, dans une reconnaissance générale, quand l'ennemi est signalé. »

Quelques mots d'explication sont nécessaires pour montrer que si le 18, à midi, je n'avais pas pu désigner à chaque compagnie sa place et faire un suprême effort pour terminer tous les travaux intérieurs, j'avais cependant dans ma main la ville tout entière avec ses points faibles, ses côtés forts et que je ne doutais pas que la lutte pût être soutenue avec chance de succès.

Dans les derniers jours, j'avais fait, outre mes inspections particulières, trois reconnaissances générales :

La première, le 14, avec les capitaines Kastner et Boulanger ;

La seconde, le 16, avec le capitaine Kastner ;

La troisième, le 17, avec le capitaine La Cécilia.

Dans la première, la gare et la ligne du chemin de fer, à gauche, avaient surtout occupé notre attention. Un grand nombre de jardins, de pelouses et de maisons isolées relient la ville avec la gare, qui est entourée elle-même de fossés et de palissades sur une grande étendue.

Les chemins de *Sancheville* et *Florent d'Illiers* avec la rue *Galante* étaient 3 voies qu'on pouvait facilement défendre et embarrasser au dernier moment, en cas de retraite.

Une bonne partie de l'engagement devait se passer dans cette sorte d'enclos.

Tous les préparatifs étaient faits.

J'avais visité la maison et le jardin qui forment le coin de la rue de Chartres et de l'avenue Florent d'Illiers en N, — pris des mains du régisseur les clefs de la grille et de la porte basse donnant sur la gare, — prescrit que la porte-cochère donnant sur le terrain ennemi demeurât constamment et solidement fermée pendant le combat, — fait pratiquer une brèche dans le mur mitoyen du jardin et de la cour de la maison touchant à la barricade, — ordonné enfin qu'on mît des tonneaux avec des planches le long du mur Est du jardin.

Après la résistance à la gare et dans les maisons isolées, les tirailleurs pouvaient ainsi se replier et se rallier dans le jardin, sous la protection du feu de ce mur et d'une ligne de tirailleurs établie dans la rue d'Orléans de T en U, prendre position en arrière, sur l'allée surélevée de droite, pour appuyer à leur tour la retraite, par la brèche, des défenseurs du mur, si les obus abattaient celui-ci.

En cas d'insuccès final, tout le monde se ralliait derrière la barricade de la rue de Chartres, dont le principal objectif était la route n° 10 et le jardin faisant l'angle entre les chemins d'Illiers et de Sancheville.

Mais avant de nous infliger un pareil échec, les Prussiens auraient perdu un millier d'hommes, comme dans les vignes de Mondoucet, et sans plus de succès.

Dans la deuxième reconnaissance avec le capitaine Kastner, nous avions étudié le côté S. E. et tout le Sud.

Au S. E., nous ne pouvions tirer parti du *boulevard Toutin* ni des chemins qui y aboutissent, non plus que du cimetière, à cause de la pente du terrain qui expose tout ce versant au feu direct de la plaine et du chemin de fer.

Mais les barricades de ce côté étaient des plus solides. A l'église *du Champdé*, à la *rue Loyseau*, dans la *rue du Bel Air*, et dans la rue *St-Francois* s'échelonnaient des défenses terribles communiquant directement avec la caserne et la place de l'hôtel de ville. Des maisons de la rue du *Bel-Air*, de la gendarmerie et de la caserne, les feux plongeaient sur tous les chemins.

Au sud, se continuant avec le verre cassé, répandu sur 4 ou 5 mètres dans la rue Saint-François, s'élevait le mur crénelé I, soutenu par l'élévation de terre Y.

Nous aurions voulu utiliser les jardins et les murs qui s'étendent jusqu'aux Récollets et les Récollets eux-mêmes; mais, comme je l'ai dit, il eût fallu avoir au moins 500 hommes de plus, rien que pour garnir ce point, et nous ne les avions pas.

C'était d'autant plus regrettable que le plus grand effort de l'ennemi devait se porter de ce côté et que, par la rue du Val Saint-Aignan, nous pouvions, comme par une tranchée défilée, faire parvenir tous les secours et tenir des réserves dans les maisons et les vignes en arrière du chemin des Récollets à Châteaudun.

Mais c'était étendre notre ligne d'opérations de plus de 2 kilomètres encore. Cette disposition était absolument impossible avec notre petit nombre.

J'entre dans tous ces détails et je me répète à dessein
parce qu'une critique violente a été faite de ma détermi-
nation de concentrer mes forces, au lieu, dit-on, d'éloigner le canon des maisons et d'attirer l'effort de l'ennemi
sur le périmètre le plus extérieur.

Si je ne parlais qu'à des hommes de guerre, je me serais contenté depuis longtemps de la réponse que je ne
disposais pas de 1000 hommes ; mais je parle aussi pour
les gens du monde, à qui je veux faire juger si, dispersant
mon faisceau, je ne m'exposais pas à le voir infaillible-
ment coupé et les tronçons pris ou en déroute.

Nous n'avons pas au contraire laissé un prisonnier entre les mains des Prussiens et nous n'avons pas essuyé de
déroute. Peut-on dire même que la journée de Châteaudun
a été une défaite, quand 1000 hommes ont résisté dix heures à 12 000 hommes et 24 pièces d'artillerie et leur ont
tué et blessé près de 3000 hommes !

Mais une comparaison fera mieux ressortir le côté....
faible de la critique précitée.

Etant donnés 3 hommes devant se battre contre 30 et,
d'une part, un terrain découvert ; d'autre part, des murailles commandant le terrain, à qui viendra-t-il à l'idée
de mettre les 3 hommes à 10 pas l'un de l'autre dans le
terrain découvert ?

A personne.

A qui viendra-t-il à l'idée de les grouper derrière la
muraille ?

A tout le monde.

M. *Coudray*, cependant, parlant au nom du maire, ne
résout pas la question comme tout le monde et eût voulu

que j'éparpillasse mes forces sur une périphérie de plus de
6 kilomètres, en plaine....

Mais c'est assez plaisanter.

Nous aurions, dit-il, épargné ainsi à la ville le bombar-
dement de ses maisons. Non. Les Prussiens n'ont tiré
qu'avec l'intention manifeste de brûler; ce qui le prouve
surabondamment est le feu qu'ils ont allumé à la main.

Donc, nous nous serions fait battre, massacrer et prendre comme des sots, fort inutilement et pour les Dunois
et pour les maisons et pour la patrie, avec le plan de
M. *Coudray*.

Je dispute gaiement avec M. *Condray*, **par égard** pour
mes lecteurs.

En prenant un ton sérieux, je serais obligé de relever
la phrase de la page 26, où contredisant ces mots : *concours forcé*, il s'écrie :

« Erreur, pour ne pas dire plus ! » et de répondre à M. *Coudray* qu'il a parlé bien légèrement en cette circonstance.
Je crois l'avoir prouvé au chapitre des *Préliminaires*.

Dans la troisième reconnaissance, le 17, avec le capitaine La Cécilia, arrivant de Tours où il était allé conduire
nos prises d'Ablis, nous visitâmes à peu près tous les travaux et c'est dans cette reconnaissance que je donnai à
chaque barricade son numéro.

Le travail intérieur était à peu près terminé, à part la
barricade n° 7, que je n'avais pu obtenir.

Il restait à rassembler le bataillon, à le familiariser avec
toutes les positions et à donner à chacun sa place et aux
officiers les instructions à suivre.

Je l'eusse fait, dès le matin du 18 peut-être, si je n'avais

été de garde dans la nuit, nuit d'insomnie et d'alerte, par-
tagée par M. le capitaine Fanuel, de la garde nationale, et
M. Scheffter, mon sous-lieutenant.

Je l'eusse fait sur-le-champ, si j'avais eu communication
de deux dépêches reçues par le commandant, l'une, le 17,
à neuf heures du soir; l'autre, le 18 à dix heures du matin; ces deux dépêches annonçant formellement l'attaque
pour le 18, à midi.

A midi, en effet, les Prussiens étaient là, en nombre
considérable, massés sans que personne en sût rien au bataillon.

La nouvelle nous en venait de tous côtés; nous ne voulions pas y croire.

Personnellement, je m'obstinais à le nier.

De nombreuses patrouilles avaient été faites dans la nuit
d'heure en heure, les francs-tireurs et la garde nationale
alternant; la patrouille partie au petit jour et rentrée à
huit heures seulement n'avait rien signalé.

A neuf heures, un fermier des environs, sur l'ancienne
route de Cloyes, venu pour me demander un détachement
qui protégeât le déménagement de ses fourrages, m'avait
assuré n'avoir absolument rien vu d'insolite.

Dans la nuit, il est vrai, un violent incendie s'était déclaré dans les environs de Lutz. Mais le détachement,
parti à la découverte avec les pompiers, n'ayant rien ren-
contré, je dus penser que c'était une vengeance des Prussiens, furieux de la chasse que nous leur avions donnée la
veille et l'avant-veille, et que c'était quelque ferme que
leur fourrageurs brûlaient au loin.

Dans ces excursions, j'avais instamment recommandé

aux paysans de courir nous prévenir au moindre indice.
Personne n'avait paru et le commandant ne m'avait pas
parlé de ses renseignements.

A onze heures, en descendant la garde, rien de particulier ne s'était encore passé, quand des vignes et de la
Tuilerie et de la Tour de Luynes on découvre à 4, 5, 6 kilomètres au loin....

Pouvais-je penser qu'à midi et demi les colonnes prussiennes étaient sous nos murs?

Je n'y comprends rien encore, à moins que des postes
aient été supprimés, des sentinelles déplacées, surtout
celles que j'avais établies dans les vignes en face la tuilerie
de la route de Toury et sur les fagots en tas, près cette
tuilerie.

Quoi qu'il en soit, c'était notre troisième surprise dans
Châteaudun ; surprises qui auraient été évitées, si le service avait été régulièrement commandé en conseil des officiers, chargés des fonctions spéciales ; si le commandant
Lipowski avait secondé nos francs-tireurs de l'appoint de
surveillance, de travail aux barricades et de reconnaissances qui revenait à la garde nationale et qu'elle n'aurait
pas mieux demandé que de fournir ; si en un mot nous
avions été conduits militairement et non capricieuse-
ment.

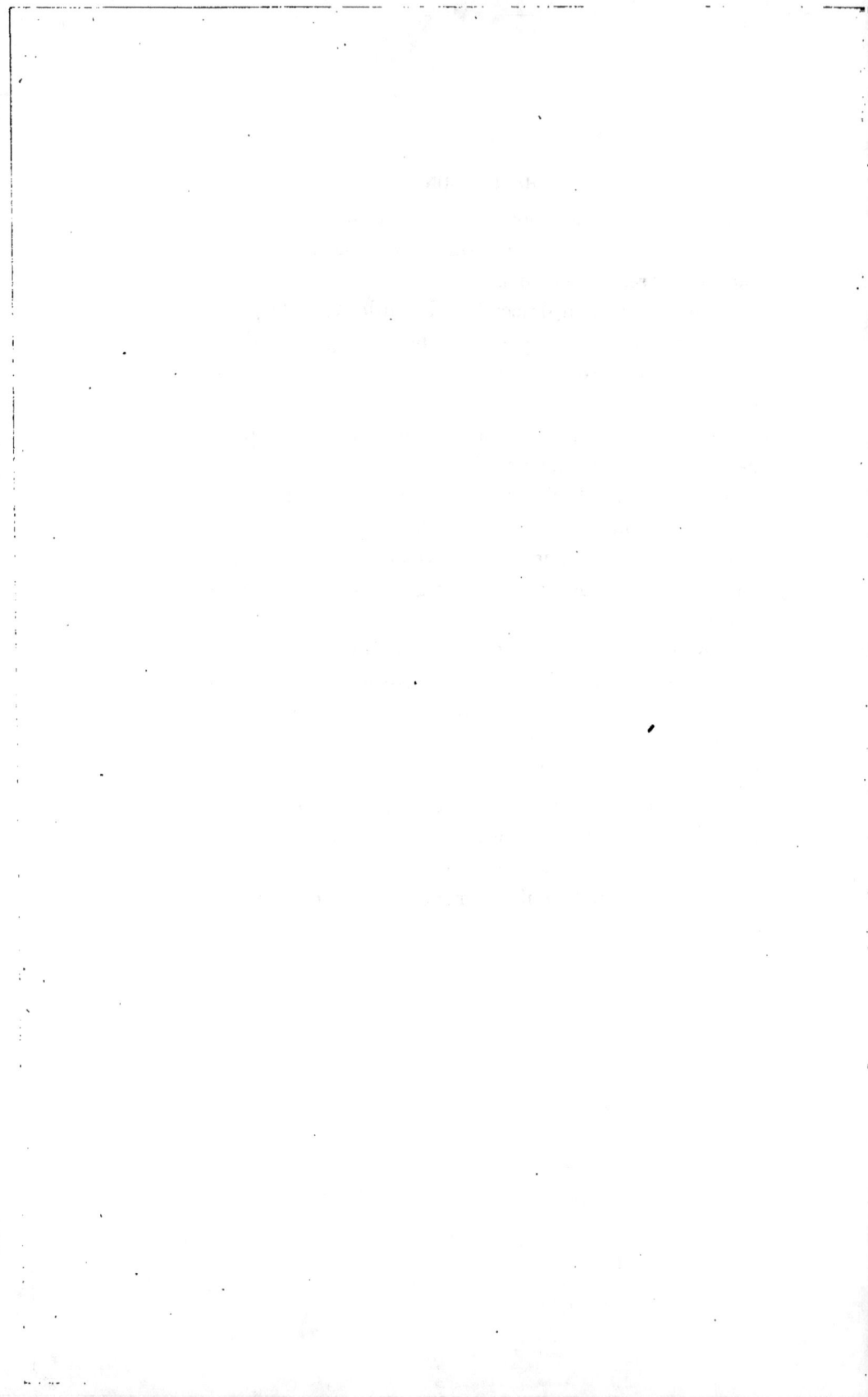

JOURNÉE DU 18 OCTOBRE.

DE MIDI A DEUX HEURES ET DEMIE.

Il était midi.

A la première alerte, une compagnie partit sous les ordres du capitaine Boulanger vers le chemin de fer. La fusillade s'engagea sur le boulevard Toutin et le canon se mit presque immédiatement à gronder.

Il fallait aviser.

Nous étions :

9 compagnies de francs-tireurs de Paris, comptant environ 700 hommes;

1 compagnie de francs-tireurs de Nantes, forte de 150 hommes;

1 compagnie de francs-tireurs de Cannes, comptant 50 hommes;

5 compagnies de garde nationale, faisant un effectif de 1000 hommes, sur lesquels 150 parurent au feu;

1 compagnie de Vendôme qui quitta le combat à deux heures de l'après-midi et se retira, sans qu'on sût sa disparition.

Quant à la mobile du Gers, aux forces cantonnées dans les environs de Brou, de Cloyes, et aux hussards qui auraient fourni plus de 1000 hommes, ils n'étaient plus là.

C'était donc 1000 environ que nous restions.

L'essentiel était d'aller vite aux barricades, que, dit M. le maire de Châteaudun dans son rapport, « gardaient seulement les gardes nationaux sédentaires de Châteaudun. »

Trait méchant, mais faux.

Aux barricades, il y avait des sentinelles de toutes les forces réunies à Châteaudun. Quant à la garde qu'elles y montaient, c'était purement une garde de surveillance et non un poste de combat, comme voudrait le faire croire M. le maire.

C'est quand cette heure sonna qu'il eût été désirable de voir les gardes nationaux accourir à ces barricades.... Mais je le répète, sans savoir à qui vraiment en donner la responsabilité, à cette heure-là 150 sur 1000 répondirent *présent*, n'imitant pas, en cette occasion, les pompiers, qui sous les ordres de leur digne capitaine, M. Géray, étaient tous là, les uns aux barricades, les autres aux pompes.

Le capitaine Boulanger était donc engagé, et l'urgence était qu'il pût tenir jusqu'à ce que le bataillon fût sous les armes.

Le capitaine Kastner et le sous-lieutenant Cardon partirent le renforcer et, à leur suite, les francs-tireurs de

Nantes, tandis que m'élançant aussi dans la rue d'Orléans, je postais le capitaine Loridan avec une vingtaine
d'hommes dans le jardin J, position remarquablement
bonne.

Le jour où je l'avais découvert, j'avais amené successivement pour l'examiner les capitaines Kastner et Boulanger et le lieutenant Echasson.

Je crois devoir en donner la description pour aider
dans l'instruction à faire sur la conduite du capitaine Loridan, le capitaine Loridan étant le seul officier qui n'ait
pas trouvé l'occasion de faire un coup de feu et étant le
seul aussi qui, n'ayant pas fait le coup de feu, ait laissé en
outre 15 prisonniers et lui-même aux mains des Prussiens.

Ce jardin, du côté de la rue d'Orléans, a un mur à
hauteur de ceinture, surmonté d'une grille solide en bois;
— du côté du boulevard Toutin, une dizaine de jardins,
murés et d'enfilade, le protégent contre toute attaque; jardins que, dans mon premier plan, je devais tous
mettre en communication, au moyen de brèches dans
leurs murs, si nous recevions des renforts, de façon à pouvoir porter, rapidement et à couvert, des secours aux défenseurs de la ligne du chemin de fer; — face à la grille,
une porte dérobée, donnant sur un cul-de-sac O P en
communication seulement avec la rue de Jallans, favori-
sait la retraite; — attenant au jardin, à gauche, une maison M offrait deux fenêtres plongeant sur la route n° 155
et deux fenêtres commandant l'enclos Florent d'Illiers; —
dans le jardin, des vignes se prêtaient à une embuscade
comme à une défense pied à pied.

Aucune surprise n'était à craindre; pour comble de précautions, j'avais fait placer près de la porte dérobée un
gros camion de façon à pouvoir fermer cette porte, dans
le cas d'une retraite vive.

Quant au propriétaire et aux locataires de la maison, ils
étaient tout dévoués à la défense et me l'avaient témoi-
gné en mettant spontanément à ma disposition des quan-
tités considérables de sacs de son, de fascines, d'échel-
les, etc., pour nos barricades.

Le capitaine Loridan était dans les meilleures conditions
pour faire beaucoup de mal sans danger et pour se tenir
en communication permanente avec la barricade de la rue
d'Orléans et la barricade de la rue de Jallans. Son feu devait aussi surprendre les Prussiens s'ils osaient charger à
la baïonnette sur la barricade d'Orléans.

Je le laissai donc là.

A mon retour, j'avais mis un instant, la lutte était engagée sur tout le côté S. E.

Le capitaine Boulanger avait suivi, parallèlement à leur
ligne de feu, les Prussiens tournant vers la route de
Cloyes, où le lieutenant Hattat les avait fusillés de la barricade F presque à bout portant; les francs-tireurs de Nantes avaient relevé le capitaine Boulanger sur le chemin de
fer et tenaient bien; le capitaine Kastner avait été obligé
de se replier dans l'intérieur de la ville sous le feu écra-
sant des bataillons en position sur la route n° 155.

« Le clairon sonnait partout [1].

« Et chacun de se réunir et de courir occuper une po-

---

1. Les passages entre guillemets sont la continuation du *rapport officiel.*

sition. » En un quart d'heure, l'ennemi était reçu à coups de fusil, à toutes les issues.

Il nous avait surpris; mais il devait être à son tour stupéfait de la rapidité avec laquelle Châteaudun s'était hérissé de feux et de baïonnettes.

« Cette arrivée soudaine de tout un corps d'armée, la grande étendue de la ligne à couvrir obligèrent à mêler les compagnies et à ne garder comme réserve, sur la place de l'Hôtel-de-Ville qu'une soixantaine d'hommes sous le commandement du capitaine La Cécilia. »

Le capitaine Boulanger et le lieutenant Chabrillat avec le sergent-major Colson étaient à la Tuilerie, près Mondoucet; le lieutenant Labadie dans le parc des Dames-Blanches, avec une demi-section de gardes nationaux; le lieutenant Échasson et le sous-lieutenant Scheffter (Adolphe) dans le terrain en avant de la Guinguette, appuyés aussi par une demi-section de gardes nationaux vaillants, parmi lesquels MM. Fanuel, capitaine, Pointdedette, Alvan père et fils, Coursimault, Massé, Delaforge, gardes; le lieutenant Hattat à la barricade F avec le capitaine Legall des francs-tireurs de Nantes; le sous-lieutenant Duchamp au mur crénelé I, au haut de la rue Saint-François; le lieutenant Degay et le sous-lieutenant Aubin de Nantes, à la tête de leurs francs-tireurs, sur le chemin de fer; le capitaine Jacta et le sous-lieutenant Brenière à la barricade de la rue de Chartres; le sous-lieutenant Martin dans la rue Galante; le capitaine Durosey et les officiers des francs-tireurs de Cannes aux barricades de la rue d'Orléans et du Bel-Air; le capitaine Géray, des sapeurs-pompiers de Châteaudun, avec quel-

ques-uns de ses hommes et notre sergent Deriau, commandant une vingtaine de francs-tireurs, à la barricade
de la rue de Jallans; le capitaine Bouillon, rues du
Champdé et d'Angoulême; le capitaine Cohade et le sous-
lieutenant Béchu, rue Loyseau et à la gendarmerie; le
lieutenant Giquel et le commandant Testanière, de la garde
nationale, sur la promenade du Mail; des gardes nationaux de la 1ʳᵉ compagnie principalement et des francs-
tireurs isolés, à la barricade du pont Saint-Jean; le capitaine Coltelloni, à l'hôtel de ville; le sous-lieutenant Bazin
sur la place; les médecins Deloulme, Vincent, Vigouroux un peu partout.

Le combat n'était pas engagé depuis une demi-heure
que déjà nombre de morts et de blessés avaient éclairci
nos rangs. Près de la Tuilerie, le franc-tireur *Péchin* était
tué par un obus; après lui, c'était *Murice* qui avait un
doigt emporté; après eux, *Dangier*, le fameux *Dangier*
qui, le bras déchiré et pantelant, prend de son autre main
la partie brisée et s'en va seul à l'hôpital, où, au moment
de l'opération qu'on lui fait, un obus éclate et le force
à descendre à la cave avec tout le personnel; *Dangier*
qui, amputé, la nuit venue, et entendant le jargon prussien sous ses fenêtres, prend sa cuvette et l'envoie sur la
tête des envahisseurs.

A la barricade de la rue d'Orléans deux ou trois cada-
vres ensanglantaient la pierre.

Sur la place de l'Hôtel-de-Ville, *Seillade* et *Fruntz* de
la 7ᵉ gisaient sur le sol; *Seillade* qui, tombant à dix-neuf
ans, ne trouve dans son patriotisme que ces mots : « Mourir, sans avoir tué un Prussien! »

A la barricade de la rue de Chartres, c'étaient d'autres nobles cœurs qui étaient frappés, *Évrard*, *Villain*, *Mauré*.

Mais ce n'est pas le moment de la pitié.

Le lieutenant *Roussel* monte dans le clocher et voit une colonne profonde s'avancer sur les routes de Toury et d'Orléans.

A cette nouvelle, je retourne à la barricade n° 1, où les francs-tireurs de Paris, de Nantes et de Cannes mêlés sont fermes et souriants sous le commandement du capitaine *Durosey*. Cette attitude est personnifiée dans un volontaire de soixante ans, M. *Burot*, homme distingué, grave, devenant jeune et joyeux au feu, méprisant le danger, ne tirant que quand il tient son homme, suivant son expression, et ne laissant battre son cœur qu'au bivouac quand on parle du foyer, car il a un foyer, et dans ce foyer, la compagne de toute sa vie, que l'amour de la patrie, humiliée à Sedan, lui a fait quitter. Autre premier grenadier de France, il ne veut rien être non plus que franc-tireur de 1re classe et la terreur des Prussiens.... Il a reparu dans son foyer, et il a reparu aux yeux de sa vieille compagne avec l'étoile des braves sur sa noble poitrine.

Honneur à la Normandie qui compte de tels hommes parmi ses fils!

Cette attitude aussi et celle du capitaine Durosey, autre caractère, aimable au feu, ce qui est rare et d'autant plus élogieux pour son courage, me remplissant de confiance, je grimpe dans une maison qui avait été occupée par les francs-tireurs de Cannes et où, me disait-on, le feu mis par un obus allait se communiquer aux poudres, fais sortir tout le monde, déménager les cartouches, puis m'en vais à la barricade de la rue de Chartres. J'y fais occuper le jardin N au capitaine *Jacta*. Malheureusement la banquette, le long du mur, n'était pas terminée; mais enfin on pouvait tenir quelque temps sur le talus de droite et la barricade était à deux pas.

Le sous-lieutenant *Brenière* va bientôt s'y distinguer.

Revenant à l'hôtel de ville et préoccupé de la ligne des Cavées, je dirige le lieutenant *Planard* avec 50 hommes, pris aux barricades qui avaient trop de défenseurs, vers la ligne de Mondoucet à la Guinguette et visite la barricade d'Angoulême, où le capitaine *Bouillon* semblait avoir communiqué à ses hommes son sang-froid railleur.

L'action grondait violemment tout autour de la ville.

« Pendant une demi-heure, l'artillerie seule fit feu, ne visant qu'à détruire et à incendier les maisons. C'était pour moi la fausse attaque prévue de l'ennemi qui dirigerait le gros de ses forces sur nos ailes et principalement sur notre droite, à cause : 1° de quelques petits fourrés et chemins creux où l'ennemi pouvait se dérober; 2° de la faiblesse réelle de ce point; 3° de l'espoir de nous y couper la retraite.

« Bientôt, en effet, la mousqueterie s'acharna sur les trois faces à la fois.

« A la barricade 1, où je me portai une troisième fois et où plusieurs braves venaient de tomber; aux barricades 2, 8, capitaines Durosey, Jacta, Bouillon, toutes les tentatives de l'ennemi furent vaines. Nos feux, faits avec calme, précision, à bout portant, couchaient par terre nombre d'ennemis à chaque assaut.

« De bons tireurs aux fenêtres portaient dans leurs rangs la mort et la peur.

« Près Mondoucet, le capitaine *Boulanger*, après avoir forcé l'ennemi à reculer sa ligne d'opération, obligé de se retirer à son tour, franchissait la barricade de Cloyes, avec l'aide du lieutenant *Hattat*, et saluait, debout sur les pavés, les Prussiens qui criblaient cet ouvrage de balles. »

Le capitaine *Kastner* fouillait le jardin N avec quelques intrépides soldats et recevait une balle qui, heureusement, était amortie par sa sacoche, où elle brisait une théorie, un couteau et des balles de revolver.

Le sous-lieutenant *Brenière* montait, à chaque feu de peloton, sur sa barricade de la rue de Chartres et brandissant son sabre, criait : « *Vive la France !* » A ses côtés, M. *Brossier*, photographe de Châteaudun, faisait l'admiration du sous-lieutenant *Brenière* lui-même.

Le sous-lieutenant *Béchu* faisait, d'une fenêtre du magasin aux fourrages, un feu roulant avec des armes que lui tenaient prêtes deux ou trois de ses hommes et recevait, sans s'émouvoir, à chaque salve une salve correspondante d'artillerie.

Le sous-lieutenant *Aubin*, des francs-tireurs de Nantes, campé à son tour sur une des fenêtres de la gendarmerie, tenait tête de la même façon, pendant trois heures, aux Prussiens qui, furieux de ne pouvoir le tuer, lançaient enfin des bombes à pétrole sur la maison pour le déloger et ne le délogeaient cependant qu'à moitié asphyxié par la fumée et entouré de flammes de tous côtés.

Le sous-lieutenant *Duchamp*, brave et modeste, que nous pleurons aujourd'hui parmi nos camarades d'armes tombés à Alençon, recevait, en conduisant ses hommes en avant, une balle à l'épaule et demeurait sur le champ de bataille, en dépit de sa blessure.

Le sous-lieutenant *Hattat* était comme un lion.

On riait avec le capitaine *Cohade*.

On se battait avec intelligence et ardeur avec le lieute-nant *Echasson* et le sous-lieutenant *Scheffter*.

Sur la place de l'Hôtel-de-Ville où la plus infernale musique se faisait d'obus, de boîtes à mitrailles, de balles, de toitures, de vitres et de pans de maisons sifflant, écla-tant, tombant, se brisant, brûlant, le lieutenant *Bazin* se promenait les bras croisés pour donner, disait-il, du mo-ral aux hommes ; l'adjudant *Bataille*, casquette à la main, allait, calme et d'un pas mesuré, voir aux barricades leurs besoins en cartouches ; les soldats traînaient les tonneaux de poudre en se lançant des quolibets. Parmi eux se faisait distinguer le franc-tireur *Maury*.

Les pompiers étaient aux prises avec le feu dans la rue d'Angoulême ; intrépides sous le commandement de M. *Clément*, leur lieutenant, ils s'acharnaient à arracher aux flammes la maison du libraire, M. *Lecesne*, que les Prussiens s'acharnaient à incendier.

Un père et ses deux fils, tous habitants de la ville, se battaient en blouse à la barricade de la rue de Chartres.

Une jeune fille de seize ans, *Laurentine Proux*, allant de la barricade de la rue Saint-François à la barricade de la rue Loyseau et à celle de la route de Cloyes, émerveillait nos francs-tireurs, à qui elle portait de l'eau et des cartouches, par des chemins couverts de nos morts. *Bonvalet, Millins, Durand, Marchal*, à la barricade de la rue Loyseau ; *Chavigny* (garde national), *Sibilote, Crapoulet, Veyssière, Durand*, dans la rue de Chartres ; *Deligny, Wolff, Hattiger, Porcheron, Nicolas*, — Faraud, Fougery, Potel, Lebihan, de Nantes, — Girard, Rouxel et Cointot, aux cavées ; tout le monde enfin se signalait, se décuplait.

C'était grand ! c'était beau !

Cela dura deux heures, qui coûtèrent 1000 hommes aux Prussiens.

« L'ennemi, forcé ainsi à la retraite, se décida à accentuer son mouvement sur notre droite, où se trouvaient principalement les 3e et 5e compagnies et les gardes nationaux.

DE DEUX HEURES ET DEMIE A QUATRE HEURES.

« A deux heures et demie, en effet, le général prussien passant sous le feu des barricades des rues Champdé, Bel-Air et Loyseau, mettait en présence de la butte Y, des cavées et des vignes avoisinantes, trois ou quatre pièces d'artillerie, quatre bataillons d'infanterie et trois escadrons de cavalerie. »

Mais, outre que je m'attendais à ce changement de front,

j'avais vu, des fenêtres de derrière du café de Paris (l'hôtel de ville ne pouvait plus servir d'observatoire, son
clocher était en ruines), j'avais vu des masses profondes
de Prussiens, en réserve sur l'ancien chemin de Cloyes, se
déployer et marcher sur toute la ligne de la Guinguette à
la Tuilerie, située sur la route de Cloyes.

Le nombre des chevaux qui fuyaient, seuls par la plaine,
et la prudence des mouvements ennemis témoignaient
d'ailleurs que nos francs-tireurs tenaient bien et que l'action était meurtrière pour l'ennemi.

Je fis partir une demi-section de la compagnie de réserve et quelques autres petits détachements pour soula-
ger nos combattants de ce côté.

Voici ce qui s'y était passé :

La cavalerie, déjà fort maltraitée, dès le début, par le
capitaine *Boulanger* et les *Nantais*, avait tenté de nouveau
de s'approcher de la Tuilerie et de Mondoucet, où reçue
énergiquement par les barricades de Cloyes et les tirailleurs des Dames-Blanches, dirigés par les sergents *Nes-
nard* et *Imbert*, elle avait dû se borner enfin à garder de
loin la route de Courtalain.

A la cavalerie avaient succédé aussitôt l'infanterie et un
feu si vif d'artillerie dans toutes les directions, que le lieutenant *Labadie*, se croyant tourné, battait en retraite,
quand le lieutenant *Planard*, arrivant avec les sous-officiers *Chancerel*, *Arnault*, *Delante* et *Dallot*, la résistance
s'était organisée. De la butte, du mur crénelé et des cavées, un feu nourri dirigé sur les pièces et sur l'infanterie
en bataille derrière elles, avait tué nombre de desservants
et de fantassins.

En vain balles, obus s'étaient abattus dès lors, rapides, pressés, sifflant, écrétant les murs et incendiant Mondoucet et la Guinguette ou s'enfouissant dans la butte ; nos hommes, renforcés du détachement du lieutenant *Labadie*, revenu au feu, avaient tenu bon et démonté plusieurs canons. Deux pièces même étaient abandonnées, mais il était impossible d'aller les enlever. Trop de fusils à aiguille étaient à droite, à gauche, derrière ; fusils qui, devant la défaite de l'artillerie, crépitaient de tous les côtés à la fois, à la Tuilerie, à Mondoucet, à deux cents mètres des Dames-Blanches, à la cavée des Religieuses, à la cavée de la Reine ; fusils qui semblaient propager la rage sur toute la ligne prussienne qui éclata, à ce moment, depuis la barricade de Chartres jusqu'au chemin de la Bretèche.

Le bruit du chassepot, du remington, du fusil à tabatière, du fusil à percussion, du fusil à aiguille, du canon, de l'incendie, des écroulements de toits, des cris des Prussiens, des vivats de nos hommes, emplissaient l'air d'une de ces cacophonies à la fois sombres et grandioses que devait rêver le Dante, écrivant son *Enfer*.

DE QUATRE HEURES A SEPT HEURES ET DEMIE.

Il était quatre heures.

Tout allait bien. « — A jeun, dit le sergent-major *Colson* (devenu capitaine), énervé par trois heures de combat, excité par l'odeur de la poudre et le bruit du canon, j'en arrivai à jouer comme un gamin, cherchant à découvrir les Prussiens derrière les futaies, les indiquant à mes francs-tireurs, tantôt rampant, tantôt debout contre un arbre, tantôt couché à plat ventre à côté de ma casquette au bout de mon fourreau de sabre fiché en terre.

« Notre spahis vint nous trouver, s'avança comme moi à découvert, alla même un peu plus loin, lâcha un coup de fusil à gauche, un à droite, et se rabattit sur moi. Je l'aidai à nettoyer son chassepot encrassé, après quoi nous tirâmes quelques coups de fusil ensemble.

« Les gardes nationaux, de leur côté, faisaient bonne contenance. Ils étaient commandés par un grand lieutenant à l'allure énergique. Debout et impassible, il avait fait mettre ses hommes à genoux, leur adressant de bonnes paroles pour soutenir leur moral.

« Les Prussiens, se heurtant contre la fusillade du parc et contre notre résistance, s'acharnèrent alors contre la butte. C'était un spectacle curieux, et qui dura longtemps, que de voir les francs-tireurs au sommet rouler en bas pour descendre plus vite, à chaque décharge, et remonter aussitôt pour répondre par leur fusillade. — » (Sergent-major *Colson.*)

Mais voilà que le feu qui se ralentit au centre et à gauche, sur cette fameuse droite, devient furieux. Toute l'artillerie tonne de ce côté.

Le lieutenant *Echasson*, obligé de céder un peu de terrain et d'abandonner Mondoucet, se replie sur la cavée de la Reine et, sous le feu prussien, s'y barricade fortement. Le sous-lieutenant *Scheffter* conduit les travaux, tandis que les francs-tireurs *Dagand, Chauvin* et son frère

Scheffter (*Alphonse*), élève émérite de l'École normale, professeur de philosophie à vingt-cinq ans, protègent les travailleurs par une fusillade incessante tirée du revers du talus de la Guinguette sur Mondoucet.

L'adjudant *Bataille* ensanglante le premier cette barricade où il était monté toujours calme, le front découvert.

Le lieutenant *Chabrillat*, après avoir tenté de charger à la baïonnette sur Mondoucet, pris et repris souvent dans cette lutte acharnée, recule sur la cavée des Religieuses; le lieutenant *Planard*, le capitaine *Boulanger* sont à bout de forces.

Toutes ces nouvelles nous arrivent à la fois.

Il faut des hommes.

Les barricades de l'intérieur sont dégarnies encore, et un détachement part avec le sergent *Ducrot Amand* donner à ces preux la nouvelle que nous avons l'avantage partout, qu'il faut tenir, tenir jusqu'à la mort.

Et tandis que je fais frapper aux portes par le lieutenant *Cardon* et par son père, pour appeler les gardes nationaux qui ne répondent pas, l'énergie redouble aux Dames-Blanches avec l'arrivée du détachement. Les nouvelles et les cartouches qu'il apporte électrisent; le feu reprend; artillerie, infanterie prussienne se renouvellent sans cesse et sans cesse sont repoussées.

« L'attaque sur ce point a été la plus vive et la défense la plus belle. Les obstacles et les barricades n'avaient pu être terminés; le pays y est découvert.

« Les officiers qui ont dirigé le feu sur cette étendue de terrain, ont montré là une bravoure, une intelligence remarquables. Il a été brûlé jusqu'à cent cartouches par homme. »

Il m'a été rapporté qu'un général aurait blâmé cette consommation de poudre. Cela ne peut être sérieusement que ce général ait fait ce reproche.

Un calcul bien simple montrera que nous avons même dû en brûler davantage et avec raison.

Le nombre des Prussiens mis en présence aux cavées peut être évalué, sur leur chiffre de mille morts de ce côté, au minimum de trois mille, qui ont tiré au minimum quatre heures sans discontinuer; ce n'est pas exa · gérer que de penser qu'ils ont brûlé dix cartouches par heure, ce qui donne quarante cartouches par homme, ou cent vingt mille coups de fusil. C'est donc à cent vingt mille coups que nos francs-tireurs avaient à répondre, et à deux cents, cinq cents, huit cents mètres au plus.

Avec le chiffre de cent cartouches et en établissant que les défenseurs étaient au plus cinq cents, la barricade de Cloyes comprise, c'est par cinquante mille coups que nous aurions répondu à cent vingt mille! Ce serait nous faire la part trop belle.... Nous avons tiré davantage et avec raison, je le répète, car il fallait suppléer au nombre par la rapidité de notre tir. C'est en ce faisant, que « la cava · lerie prussienne qui avait attaqué d'abord, a dû laisser la place à l'infanterie, qui elle-même a été repoussée, quand cependant son tir se croisait avec celui de l'artillerie, acharnée à déloger ces combattants qu'on peut dire héroïques.

« Leur petit nombre les oblige un moment à se rapprocher. Devant cet avis, je cours à la préfecture, fais fermer les grilles et les jardins, protége l'intérieur en jetant dans la rue de la Madeleine, près la rue de la Cuirasserie, avec les établis d'un menuisier qui nous aide bravement, une barricade volante qu'un poste de huit hommes défendra coûte que coûte. Le sous-lieutenant *Cardon* et le sergent *Hugo* m'en répondent. Heureusement, il n'en fut pas besoin.

L'inutilité de tant de tentatives pour forcer l'aile droite excite alors le général *von Wittig* à profiter des dernières heures du jour pour pousser l'action.

« Mais sur le flanc gauche, comme aux barricades de la rue d'Orléans, de la rue d'Angoulême, de la rue du Bel-Air et de la rue Loyseau, ce sont efforts vains de sa part.

« Nos francs-tireurs, mêlés de francs-tireurs de Nantes, de francs-tireurs de Cannes et de quelques gardes nationaux, attendent les pelotons d'infanterie prussienne presque en se riant. »

Ailleurs, à la caserne, la défense, quoique plus difficile, est victorieuse. Je laisse la parole au capitaine *Kastner* :
« — Je pénétrai dans la caserne avec une quinzaine d'hommes; nous dûmes traverser la cour un à un, car les Prussiens, embusqués dans les vignes qui la dominent, la balayaient à coups de fusil. Une balle me rasa la rotule en trouant mon pantalon. Je gagnai le premier étage avec mes hommes, afin de croiser mon feu avec celui de la barricade de Cloyes. Le lieutenant *Roussel* était avec moi, un chassepot à la main. Téméraire comme toujours, il se plaçait devant les fenêtres. Je lui dis de se retirer, mais il n'obéit pas immédiatement, et une balle, lui traversant la carotide, le tua raide. Il tomba comme foudroyé, sans pousser le moindre gémissement. Nous venions de perdre un de nos plus braves officiers.

« Les Bavarois étaient si près que les balles qui frappaient le toit traversaient les tuiles. On n'était en sûreté nulle part, tellement qu'étant assis, le dos tourné au toit, un franc-tireur prit une planche et voulut la placer derrière moi en me disant : « Vous allez vous faire tuer, mon « capitaine ! » — (Capitaine Kastner.)

« La bataille dura ainsi jusque vers six heures, le canon tonnant toujours, la fusillade redoublant par intermittence, l'incendie mis par des obus éclatant sur tous les points à la fois.

« Victorieux partout, les officiers nous envoyaient demander des cartouches.... Voilà tout.

« Nos soldats improvisés avaient une profonde douleur de voir tomber leurs camarades blessés ou tués, mais sans être ébranlés un moment dans leur courage. »

La mort était bravée avec un mépris indicible, inspiré par le sentiment seul de l'honneur national.

En voici un exemple :

Les obus ayant fait déjà de l'hôtel de ville une ruine, le franc-tireur *Bougron*, un Parisien de 16 ans, aperçoit le drapeau de Châteaudun, la hampe brisée, tombant comme un blessé de la toiture à jour du pavillon de l'horloge. Malgré les boulets et les balles à pointe d'acier qui labourent la place et criblent la mairie, il court, reçoit une pierre qui le renverse, et puis une autre qui lui meurtrit la jambe et la main, se relève, saisit le drapeau au milieu du sifflement des projectiles et de l'effondrement du sommet de l'édifice et revient triomphant, disant : « En voilà un que les Prussiens n'auront pas ! »

Qu'est devenu ce drapeau ?

Nous l'avions fait placer dans l'angle droit de la place, derrière des barils de poudre. Le soir, à dix heures, après avoir chassé les Prussiens, mon premier soin fut de courir à cet endroit. Il n'y avait plus que les barils de poudre.

En voici un autre exemple :

M. *Pointdedette,* de la garde nationale, reçoit, aux Dames-Blanches, une balle qui, heureusement, traverse son pantalon sans le blesser. Dans le feu du combat, ce pantalon se déchire. Le garde *Pointdedette* vient en changer, me serre la main en me disant : On vous croyait tué — et le temps de lui répondre : Non, je n'ai qu'une égratignure au cou, — il m'avait de nouveau serré la main et était reparti au feu.

Un autre exemple :

Baudelot, un franc-tireur de la 6e compagnie, un soldat de dix-huit ans, est à l'hôpital quand le combat s'engage. Ce crapaud, dit son capitaine, n'écoutant que son courage, sort, prend un fusil, se bat toute la journée comme un enragé, et le soir s'offre à défoncer des barils de cartouches presque sous le nez des Prussiens.

Mais il me faudrait prendre chacun en particulier.

Puis-je ne pas parler cependant de ce vieillard de soixante-dix ans qui, pour construire la barricade de la cavée de la Reine, dévalise lui-même sa maison située à proximité, prend ses matelas et les apporte, un à un, pliant sous le fardeau et sous la pluie des balles qui sifflent de tous côtés !

Et le franc-tireur *Martinat* qui, atteint d'une hernie et ayant dans sa poche son congé et son exemption du service, ne veut pas prendre le chemin de son village, arrive à la barricade d'Orléans, s'y bat avec fureur, comme quand il poursuivait les cuirassiers à Voves, et se fait tuer en combattant !

Et *Poliard*, qui, voyant aux fenêtres d'une maison en flammes sur la route de Cloyes une mère et son enfant affolés, se précipite, à travers les balles, dans le feu, et ramène au jeune père, qui se bat dans nos rangs, son fils et sa femme ! Ne le citerai-je pas aussi ce jeune père qui, sans souci désormais pour des êtres qui lui sont chers, se lance à son tour dans la maison, échevelé, la rage au cœur, et des mêmes fenêtres où sa famille avait appelé au secours, tire sur les Prussiens sans relâche, sans peur, en dépit des feux de peloton dont l'ennemi crible sa position !

Au milieu de tant de dévouement et de bravoure, d'actes héroïques et d'enthousiasme, « par quelle fatalité a-t-il fallu qu'une barricade fût tournée, celle de la rue Galante ! »

On dit que les Prussiens ont été conduits par un traître qui leur aurait montré un passage, par lequel ils se seraient introduits dans les maisons, et qu'ils auraient ainsi surpris par derrière les défenseurs de la barricade, commandée par M. le lieutenant *Martin*.

Toujours est-il qu'un franc-tireur arrive, à six heures environ, annonçant cette fatale nouvelle ; que le lieutenant *Martin* survient à son tour confirmant ce malheur.

« Il faut revenir à la charge, déloger l'ennemi de la maison d'où la banquette est enfilée et reprendre la position. »

C'est notre salut, c'est le succès de la journée. « Un renfort de trente hommes est pris sur la réserve et part. »

Mais c'était notre heure de crise.

« Au même moment, de la cavée de la Reine, nous arrive encore la demande d'un soutien, sinon qu'on est près de céder de fatigue devant de nouvelles troupes qui s'approchent massées.

« J'envoie le reste de la réserve sous les ordres du capitaine *La Cécilia* et du sous-lieutenant *Perrin*.

« Il ne restait plus un seul homme pour donner. »

Il n'y avait plus sur la place que le commandant *Lipowski*, le sous-lieutenant *Scheffter*, venu de la Cavée une demi-heure avant, sur la nouvelle que j'étais tué, mon ordonnance, deux ou trois francs-tireurs aux poudres et moi, « quand le capitaine *Jacta* accourt à son tour annonçant que le retour offensif à la barricade de la rue Galante a échoué, et que la barricade de la rue de Chartres, tournée du même coup, est obligée de se replier.

« Je pars, disant au commandant que dans cinq minutes je suis de retour avec des hommes, qu'on résiste jusque-là ; je vais à la barricade de la rue Saint-François, faisant avertir sur mon passage le capitaine *Bouillon* et toutes les barricades avoisinantes, de ne réserver que dix hommes et de me tenir tous les autres sous la main sur la place du Hasard.

« Mais personne n'était plus dans le voisinage de la caserne. Dans le chemin en avant de la barricade de la rue Saint-François, un grand tapage avait lieu. Il faisait nuit noire. A mon cri de : « Qui vive? » les jurons seuls d'Allemands, se coupant les pieds sur le verre cassé répandu sur une étendue de cinq mètres environ, répondant, j'eus l'idée de faire feu de mon revolver ; mais j'étais seul, avec un franc-tireur, M. *Chancerel*, vaguemestre, que j'avais prié de me suivre en route; il pouvait me tomber sur le dos d'autres Prussiens débouchant de la caserne qui est à deux pas, et si j'étais pris, ma mission manquait. J'arrêtai donc mon premier mouvement, et remontant par la rue de Blois vers l'hôtel de ville, je rencontrai le capitaine *Bouillon* avec quelques hommes. »

Des francs-tireurs, descendant précipitamment de la place, y disaient les Prussiens arrivés.

Les Prussiens sur la place... Déjà! Je n'y pouvais croire.

DE SEPT HEURES ET DEMIE A ONZE HEURES.

Le silence qui régnait semblait présager notre défaite.

J'envoie le lieutenant *Delaplagne* reconnaître dans cette nuit devenue profonde tout d'un coup.

Et n'ayant pas assez d'hommes encore, je lance, pendant ce temps, des francs-tireurs dans toutes les directions prévenir qu'on se rallie à moi. Pour tenir tête aux Prussiens qui n'allaient pas tarder à déboucher de la rue Saint-François et de la caserne, je reconnais au galop la rue des Empereurs en feu, y poste trois hommes avec ordre de ne prêter leur attention que du côté de la caserne, tandis que leurs cinq ou six autres camarades surveillent, du coin de la rue d'Angoulême, la place de l'Hôtel-de-Ville.

Cependant, le lieutenant *Delaplagne* ne revient pas;

nous sommes pris entre deux feux; l'ennemi est à vingt pas de nous de chaque côté.

Mais arrivent en ce moment le capitaine Cohade, les lieutenants *Perrin, Giquel, Planard*, avec une centaine d'hommes.

« En assez grande force alors pour parer à tous événements, et après avoir mandé au fourrier Dallot de reconnaître encore la place, nous nous avançons du coin de la rue du Sépulcre par le haut de la rue d'Angoulême, sur deux files, à droite et à gauche, le long des murailles. Une masse noire se dessinait débouchant de la rue de Chartres, un cordon noir entourait la fontaine. C'étaient les Prussiens qui, en mon absence, avaient pris possession du réduit. »

Mon cœur frissonna. Ce changement s'était fait en si peu de temps que je crus prisonniers le commandant et tous les défenseurs des rues de Chartres et d'Orléans. Car où étaient-ils passés? Je n'avais vu personne. Je n'avais rien entendu.

De l'Hôtel de ville à la rue Saint-François, et de cette barricade à l'Hôtel de ville, j'avais mis cinq minutes. Et les Prussiens étaient là.

Cette idée entrait si peu dans mon esprit que je ne voulus pas faire commencer le feu sans avoir crié et fait crier par les cent voix de mes hommes : *Francs-tireurs!* Mais le silence seul succédant à ce mot de ralliement, je fis avancer tout mon monde, sauf quelques hommes en observation vers le bas de la rue de Blois, et le feu éclata au chant de la *Marseillaise*.

De terribles décharges nous ramenèrent d'abord quelques pas en arrière. Les francs-tireurs étaient épuisés de la lutte de la journée. Leurs bras, leurs mains ne maniaient plus avec aisance leurs chassepots encrassés ; leurs jambes fléchissaient. Il était huit heures environ. Depuis midi, tous étaient engagés dans une lutte qui n'avait pas laissé une minute de répit. Beaucoup n'avaient pas pris même une goutte d'eau.

Il fallait pourtant faire un suprême effort. Il fallait un accès de fièvre qui prît le dessus sur cet affaissement physique.

Je revins à la charge, faisant appel à tous. Les officiers eux-mêmes, les lieutenants *Planard, Hattat, Béchu*, prirent le fusil et entraînèrent les hommes en faisant le coup de feu avec eux. « Un quart d'heure environ dura l'engagement sans que nous ayons réussi à chasser les assaillants. »

Un quart d'heure qui fut long, long et meurtrier, car nous étions à vingt pas des Prussiens, dont le déploiement, facile sur la place, tenait une ligne de feu quadruple au moins de la nôtre et nous en couvrait.

Je ralliai les francs-tireurs dans les angles de la rue de Blois, et comme, sur ces entrefaites, des sections étaient encore arrivées avec le capitaine *Kastner*, je songeai à me retourner contre les Prussiens qui, nombreux, faisaient irruption sur ses pas au bas de la rue de Blois et mettaient le feu à la main aux maisons des angles droit et gauche de la rue du Coq et de la rue Loyseau.

A ce moment eut lieu une scène assez comique, tant au milieu des plus graves circonstances l'esprit français trouve à rire.

Les Prussiens, après avoir blessé les francs-tireurs que j'avais mis au coin de la rue des Empereurs, montaient la rue de Blois sans être inquiétés, quand mon cri de « Qui vive ? » les arrêta.

Personne ne répondant, mais, dans la mêlée et dans la nuit pleine de fumée où nous étions, ma grande attention étant de ne pas tirer sur les nôtres, je renouvelai deux ou trois fois mon appel, menaçant enfin de faire feu. Alors les Prussiens se déclarèrent et une véritable conversation s'engagea.

« Qui vive ? — Badois ! vous, venir ; nous, rendre. — Jetez vos armes et montez. — Non, vous venir. » Les francs-tireurs partaient d'éclats de rire.

Mais voilà qu'en même temps que les premiers parlaient de se rendre, d'autres derrière eux enfoncent le portes et mettent l'incendie avec des torches.

« Feu ! feu ! » commandé-je.

La réponse ne se fait pas attendre, cette fois, et, des deux côtés, de la rue de Blois et de la place de l'Hôtel-de-Ville, nous sommes décimés.

Je place alors quelques francs-tireurs, commandés par M. *Perrin*, derrière la corbeille de la place du Hasard pour répondre aux Badois, tandis qu'avec un groupe determiné de quelques hommes et de tous les officiers nous tenons tête à l'attaque de la place.

Le capitaine *Kastner*, qui a pris le commandement de la corbeille, repousse les Badois. De mon côté nous éteignons le feu de la place.

Nous sommes cependant dans une souricière, et tôt ou tard, nous succomberons à ce manége, d'autant plus que

6

les Prussiens peuvent nous surprendre encore par les rues d'Orléans et de Jallans.

Forcer le passage par la rue de Blois et la rue du Val-Saint-Aignan pour battre en retraite était facile ; mais nous laisserions donc les Prussiens maîtres de la ville !

Jamais. J'avais 300 hommes commandés par les capitaines *Kastner*, *Cohade*, *Bouillon* les lieutenants *Planard*, *Giquel* et *Delaplagne*, qui, pris par quatre Prussiens à son arrivée sur la place, s'en était débarrassé en en tuant un de son revolver et en essuyant le feu des trois autres ; les sous-lieutenants *Hattat*, *Béchu*, *Perrin*, *Martin*, *Bazin*. Il fallait vaincre.

Je pensais donc à prendre l'Hôtel de ville par une diversion sur la rue Dunoise et la rue d'Orléans, quand le capitaine *Kastner* vient m'en parler aussi. Le lieutenant *Planard* avait eu la même idée.

Fort de leur avis et faisant un dernier appel au patriotisme de ma poignée de braves, on chargera à la baïonnette, s'il le faut, mais les Prussiens quitteront la place.

« Alors fut entrepris ce mouvement de les mettre entre deux feux, par la rue d'Angoulême avec M. le capitaine *Kastner* et par la rue d'Orléans avec moi.

« Cette manœuvre, conduite résolûment, vivement, eut un plein succès. Sous nos feux de peloton, les Prussiens s'enfuirent. »

Place cependant dans notre estime pour ceux-là. Ils pouvaient être trois pelotons. Devant notre opiniâtreté à les vouloir chasser, ils ont pu croire à un retour offensif de toute la garnison, surtout quand le feu a éclaté de la rue d'Orléans et de la rue d'Angoulême à la fois. Ce re-

tour était possible, je dis même qu'il aurait dû se faire et
que le commandant *Lipowski*, entendant sans relâche nos
formidables détonations dans la nuit, avait pour premier
devoir de revenir au combat avec ses 200 hommes. La rue
du Val-Saint-Aignan était libre, la rue de la Madeleine
était libre. D'ailleurs, ne pouvions-nous être cernés et par
conséquent ne devait-il pas songer à nous dégager, tout
en s'avançant prudemment?

Les officiers qui étaient avec lui ont demandé à ne pas
nous abandonner ainsi.

Quant aux Prussiens, obligés de céder sous nos feux de
peloton terribles, ils ont quitté la place, non pas en déban-
dade, en se sauvant, mais après s'être mis sur deux rangs.

Ils ne faisaient plus le coup de feu, en dépit de nos décharges furieuses. Un instant, je crus même qu'ils se for-
maient pour charger à la baïonnette. Non. Ils battaient
bien en retraite par la rue de Chartres. Ce sang-froid, ce
calme sous le feu d'un ennemi qui vous brûle la tête à
quinze pas, est une haute qualité militaire que toutes les
troupes prussiennes sont loin d'avoir.

Mais ces pelotons et leurs officiers méritent.

« C'est là que, de notre côté, se sont fait remarquer
les capitaines *Bouillon* et *Cohade*, le lieutenant *Planard*,
frappé d'une balle à la cuisse, le lieutenant *Bazin*, qui
entraînait les francs-tireurs l'épée à la main, les lieutenants *Hattat* et *Béchu*.

« Je citerai aussi, pour leur courage, le fourrier *Dallot*,
qui, vingt fois dans la journée, s'offrit à remplir des mis-
sions difficiles et à occuper des postes périlleux, et que
j'envoyai au capitaine *Kastner*, à travers la place, pour le

prévenir que j'allais déboucher par la rue d'Orléans; le sergent *Laumaunier* et le franc-tireur *Boquet* qui, en tête du détachement, firent un feu précis, roulant, et arrivèrent les premiers sur la place; le sergent *Monnier*, devenu depuis lieutenant.

« Quant au capitaine *Kastner*, il est partout le même, intrépide et entraînant. C'est lui qui, voyant les pelotons prussiens céder, les poursuivit de son feu, et, traversant la place, en purgea la rue de Chartres. Cette dernière opération me permit d'occuper l'Hôtel de ville avec le gros des détachements qui étaient arrivés successivement, en entendant notre feu et sur l'ordre que je leur avais envoyé de se replier tous sur moi pour reprendre à l'ennemi les positions conquises. »

Les réserves que j'avais laissées : 1° dans la rue de Iallans et dans la rue d'Orléans pour nous garantir contre une surprise; 2° au coin de la rue Dunoise et de la place du Hasard, pour veiller sur les Prussiens qui franchissaient toujours la barricade Saint-François et la caserne, ayant balayé de leurs feux le côté S. E. de la ville, nous étions les maîtres.

« Il était dix heures et demie.

« Après avoir fait occuper les rues de la Madeleine et Royale par le lieutenant *Perrin;* les rues de Luynes, du Cours et la promenade du Mail par le fourrier *Dallot*, assisté de quelques francs-tireurs de Nantes; avoir fait prévenir les Cavées de me rejoindre, je cours chez le marchand de vins où je croyais enfermé le commandant, et, frappant à la porte, m'écrie : « Ouvrez, commandant; nous sommes vainqueurs. »

Ni voix, ni bruit ne se faisant entendre dans la maison, je crus enfin ce que beaucoup disaient, qu'il avait battu en retraite.

« Si le moindre renfort de troupes fraîches nous était venu à ce moment, nous culbutions l'armée prussienne et la mettions dans un désordre indicible. »

Jamais le général *Wittig*, installé à la gare, il paraît, pendant que nous reprenions la ville, n'aurait pu rallier ses hommes surpris par une nouvelle attaque. Ils se seraient enfuis par la plaine, laissant entre nos mains un nombre considérable de prisonniers.

Voulant poursuivre ce succès, je fis frapper partout.

A six heures, une dizaine avaient répondu à notre appel; mais ceux-là, résolus à mourir, et qui peut-être sont morts, hélas! car à cette heure l'action était chaude aux Cavées où ils sont allés.

Honneur à ces braves!

A dix heures et demie, nul ne répondit, nul n'arriva.

Pas même la mobile de Cloyes, pas même la compagnie de Blois, ni la mobile cantonnée à Brou, qui, m'a-t-on assuré, était en route, pleine d'entrain, quand son commandant lui fit rebrousser chemin, ni les forces éparses aux alentours, ni le commandant *Lipowski*.

« Comment ce secours ne nous est-il pas arrivé? Cette dépêche avait été envoyée dès le début de l'action : « Au commandant des mobiles, à Cloyes. Venez promptement à notre secours; nous sommes attaqués par des forces supérieures; *nous nous battrons jusqu'à la mort;* prévenez sur toute la ligne.

« Commandant LIPOWSKI. »

Et puis, la poudre n'a-t-elle pas tonné sept heures par vingt-quatre bouches de bronze, d'aucuns disent trente-six, et la fusillade d'au moins six mille hommes engagés retenti un demi-jour ? »

N'était-ce pas le plus sûr indice que nous tenions, que nous étions vainqueurs, qu'il nous suffisait du moindre appui pour écraser ces armées prussiennes qui, jusqu'a-lors, nous avaient accablés sous leur nombre, que d'en-tendre notre fusillade à dix heures et demie encore, au cœur de la ville, après dix heures de combat ?

Deux cents hommes seulement de troupes fraîches et mes trois cents francs-tireurs, oubliant leur épuisement, se rejetaient dans la bataille à corps perdu.

J'avais d'excellents officiers et sous-officiers ; c'était un coup foudroyant à frapper et qui aurait réussi.

« Mais, en trop petit nombre, au milieu des ténèbres, dans la fumée de la ville qui brûlait, ne pouvant réussir à faire ouvrir les maisons fermées par la terreur, sans nou-velles des autres détachements, que faire? On me di-sait avoir entendu le clairon sonner l'assemblée à sept heures et demie, avoir vu passer le commandant ordon-nant la retraite, et un détachement de cent cinquante hommes prenant la rue de la Madeleine. »

Ce qui est certain, c'est que tous mes courriers m'as-suraient qu'il n'y avait plus dans toute la ville que nous; que le parc des Dames-Blanches, les cavées, les vignes étaient solitaires.

Le lieutenant *Echasson* qui, une demi-heure aupara-vant, m'avait envoyé demander ce qu'il devait faire, ne voyant pas revenir son franc-tireur, sans doute égaré, était parti aussi.

« Il était resté jusqu'à onze heures à son poste avec une vingtaine d'hommes. Son rapport, remis à M. le commandant *Lipowski*, montre d'ailleurs la fermeté, le courage et l'intelligence qu'il a mis au service de la patrie dans cette mémorable bataille.

« Je réunis les officiers.

« Ce fut un moment solennel.

« A l'unanimité, nous résolûmes de nous retirer sur le pont Saint-Jean, par la rue de la Madeleine, pour gagner Brou et, de là, Nogent-le-Rotrou.

« Malgré l'infériorité relative de cette ligne de retraite, découverte et peu accidentée, à celle de Courtalain, où l'on arrive par les bois, je l'avais choisie à cause du renseignement que je tenais depuis cinq heures, d'un corps de cavalerie refoulé par notre feu sur la route de Courtalain et ayant pu y prendre position.

« Ce sont sans doute ces escadrons, appuyés de quelques fantassins, qui commencèrent, à neuf heures, un mouvement de concentration sur la gare et qui tentèrent de surprendre, rue du Champdé, la barricade où le capitaine Bouillon les repoussa de son feu serré. »

Les cavaliers prussiens y avaient mis pied à terre et combattaient comme de vrais fantassins.

Je signale ce fait pour bien montrer tout le parti qu'un chef intelligent et habile peut tirer de la cavalerie.

Les Prussiens nous ont été supérieurs sous ce rapport.

Jamais les reconnaissances n'ont été faites avec tant de méthode, de célérité et d'assurance que par eux, parce

qu'ils ont su employer à ce service la cavalerie soutenue
par l'artillerie légère.

Dans cette idée de faire parcourir le champ de bataille
par des escadrons qui peuvent s'assurer rapidement des
résultats de la journée, puis mettre pied à terre pour
vaincre les dernières résistances, il y a encore une source
féconde en enseignements pour nous.

Seulement, nous laisserons soigneusement aux Prussiens le privilége de crier *ami* ou *grâce*, et de profiter de
la générosité de leur adversaire pour faire feu sur lui.

A Châteaudun, ils ont employé souvent ce coupable
moyen.

J'ai déjà parlé des Badois qui ne faisaient mine de se
rendre que pour permettre à une section d'incendier les
maisons.

Le sergent *Deriau*, dans la journée, avait dû percer
d'un coup de baïonnette, dans la rue de Jallans, un Prussien qui débouchait d'une croisée en criant « *Français!* »
et son fusil armé.

Ici encore, ces cavaliers presque invisibles dans les ténèbres profondes qui couvraient le cimetière, mais trahis
par leur pas lourd et cadencé qu'on entendait distincte-
ment sur les pierres, trois fois au « Qui vive! » des braves
sergents *Rousseng*, notre vaillant porte-drapeau, et *Gi-
brat*, répondirent : *France!*

Le sergent *Rousseng*, ayant demandé trois fois : « *Quel
régiment?* » et trois fois ne recevant pas de réponse, com-
manda alors à ses dix hommes trois ou quatre feux de
peloton rapides qui terminèrent la journée sur le périmètre extérieur.

RETRAITE

CAPITAINES KASTNER ET LEDEUIL

Notre décision prise de battre en retraite, le détachement fut formé sur deux rangs, et les poches, les vareuses, les gibernes bourrées de cartouches, nous descendîmes lentement la rue de la Madeleine, la rue des Huileries, la rue Saint-Médard et le pont Saint-Jean.

Le capitaine *Kastner*, demeuré sur la place, protégeait notre retraite et noyait les poudres que nous n'avions pu emporter.

Mais je donne une fois encore la parole à ce brave camarade:

« Lorsque vous fûtes partis, je portai aux coins des rues de Chartres, d'Orléans et d'Angoulême, de petits pelotons qui reçurent l'ordre de faire un feu roulant et continu, afin de faire croire à l'ennemi que nous occupions

la place en force. Le lieutenant *Giquel* et le sous-lieutenant *Béchu* étaient avec moi. Pendant que mes hommes
tiraillaient, je fis noyer les poudres qui restaient, puis
exécutai ma retraite par la rue Royale, la rue Porte-D'ab-
bas, la rue du Griffon, la route des Récollets.

« Tout était calme et silencieux.

« Quelques rares coups de canon tonnaient encore
dans le lointain. Quelques fusées incendiaires passaient
dans l'air. Notre marche avait lieu dans l'ombre, le long
des murailles, à la file indienne, dans le plus grand silence.

« Arrivé à la route des Récollets, je prenais à droite
dans les vignes pour descendre le long du bois.

« Près du bois, j'étais couvert par les taillis, les arbres, et aurais pu, le cas échéant, résister à beaucoup
de monde.

« A Saint-Denis-les-Ponts, je remontai sur la route et
arrivai à Arou, mes hommes ayant fait dix-huit kilomètres à pied.

« Le médecin, le maire d'Arou montrèrent le plus
grand zèle à nous procurer des charrettes. Je dois particulièrement me louer du médecin qui me fit souper et
me prêta son propre manteau, car il pleuvait à verse.

« J'arrivai à la Bazoche à sept heures et demie du
matin. » — (Capitaine Kastner.)

Le capitaine Kastner devait prendre la route de Brou,
comme cela avait été convenu en conseil, mais un faux
renseignement lui avait fait croire que nous avions été
obligés de changer de direction.

Comme lui, nous cheminions sur la route de Brou, en

silence, sérieux, dans l'ordre le plus parfait. Il m'en coûtait de réclamer de ces héros épuisés, une observation de la discipline plus rigoureuse que sur le terrain de manœuvre, mais il y allait de leur salut.

Sur les dents comme ils l'étaient, au point d'être obligé de faire faire des haltes toutes les demi-heures, s'ils n'avaient pas marché en se sentant les coudes, en s'encourageant mutuellement, ils se seraient égrenés sur la route et nous aurions eu à déplorer la perte de beaucoup d'entre eux, que le froid de la nuit ou des rôdeurs prussiens auraient tués. Ceux qui succombaient à la tentation de s'asseoir ne pouvaient plus se relever ni marcher de cinq minutes que soutenus par leurs camarades.

* *
*

Nous fîmes donc ces cinq lieues éclairés par les sinistres lueurs de l'incendie qui s'allumait de tous côtés.

Cette nuit sera ineffaçable dans nos souvenirs! Jamais plus sombre terreur n'a frappé les yeux de l'homme.

Entre ennemis en armes, la bravoure s'estime et l'héroïsme du vaincu donne droit au respect du vainqueur.

Les Prussiens, au contraire, ont violé toutes les lois de droit commun, tous les sentiments humains; ils ont forfait à l'honneur militaire!

En a-t-il eu du remords, le prince Frédéric-Charles, que plus tard, à Varize, arrivant alors qu'un de ses généraux faisait fusiller nos prisonniers, il arrêta le mas-

sacre par ces mots : « Général, ce sont les défenseurs
de Châteaudun!... »

En ont-ils eu tous des remords, que depuis, nombre
de francs-tireurs ont vu les Prussiens s'incliner devant
cette déclaration, qu'ils étaient des francs-tireurs de *Paris-
Châteaudun ?...*

Quoi qu'il en soit, la guerre faite avec cette férocité
est le signe de la plus hideuse barbarie; et pour que l'Eu-
rope ne soit pas intervenue, ordonnant, l'épée à la main,
la fin de ces sauvageries; pour que le nouveau monde ne
se soit pas ému davantage que l'ancien, il faut que l'uni-
vers soit en décadence!

Allons-nous revenir au temps des Huns et des Van-
dales?

C'est à craindre, si la conscience humaine n'a une sa-
tisfaction éclatante du mépris de la Prusse pour les prin-
cipes fondamentaux de la civilisation.

Hôpitaux, ambulances, asiles, blessés, enfants, rien
n'a arrêté leur rage. Ils ont tout souillé, tout outragé,
tout tué, l'enfance et la vieillesse, la femme et le soldat.

Aux blessés, aux prisonniers, aux docteurs de notre
bataillon, il n'est cruautés qu'ils n'aient prodiguées.
Coups de poing sur la tête, coups de pied, séjour dans
des fossés pleins d'eau, privation de nourriture, de soins,
quand nous arrivions à leurs prisonniers et à leurs
blessés les mains pleines de vivres, de cigares, et que
nous ne savions trop faire pour les rassurer sur la crainte
qu'ils avaient d'être fusillés.

Que tous ceux qui sont tombés en nos mains disent
comment des ennemis, farouches sur le champ de ba-

taille, ont été bons et humains dans la victoire! C'est
que les Français sont civilisés! Mais la férocité lâche de
la Prusse envers les vaincus et les faibles a mis la haine
dans nos cœurs.

Il n'est plus qu'un vœu, qu'un seul : que les villes
renaissent de leurs cendres, que les générations perpé-
tuent la haine de leur nom; que ce soit un pèlerinage aux
ruines qu'ils ont amoncelées, aux hécatombes d'inno-
cents qu'ils ont faites; que la terre de France, un jour,
se soulève et lui crie : Caïn, qu'as-tu fait de ton frère
Abel?

Beauce, tu seras là dans ce saint jour!

Nous y serons avec toi.

Préparons nos bras; préparons nos armes;

Fortifions nos corps; fortifions nos cœurs;

Justice! il faut justice.

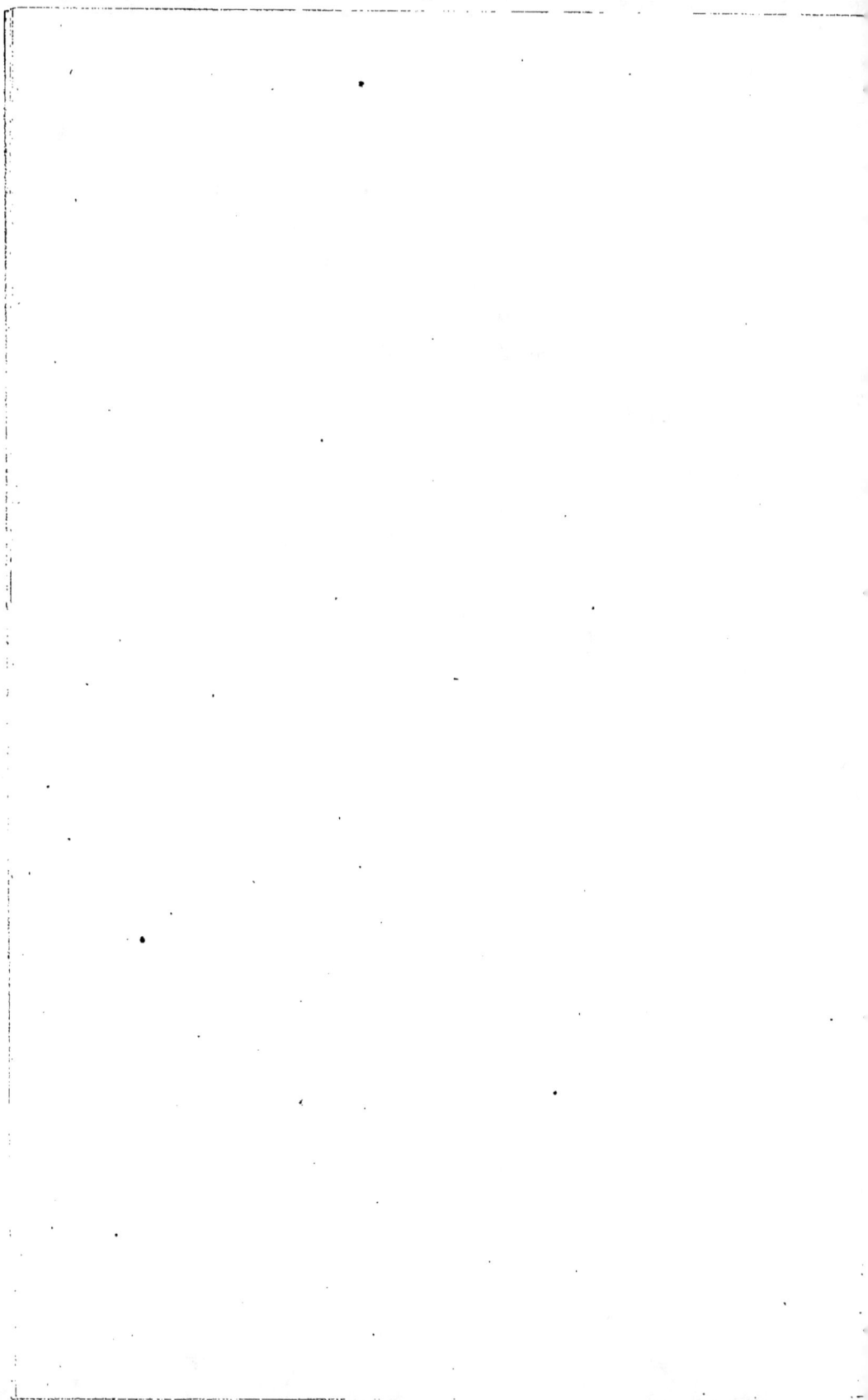

CHIFFRE

DES MORTS ET DES BLESSÉS.

Je n'ajouterai rien au récit que je viens de faire.

« Tout ce que j'ai dit, je l'ai vu en majeure partie, comme second du commandant ; le reste, je l'ai su des officiers mêmes qui commandaient aux endroits où je n'ai pu me porter de ma personne dans cette journée qui marquera dans les fastes militaires de la France.

« Francs-tireurs de Paris, de Nantes et de Cannes ont été sublimes de dévouement. Environ 150 gardes nationaux ont vaillamment défendu leurs foyers à nos côtés.

« Le chiffre de nos morts et de nos blessés est évalué à 250, celui de la garde nationale à 70 ; celui de l'armée ennemie à près de 3000.

« Mille hommes à peine ont donc soutenu, durant dix heures, le siége d'une ville ouverte contre douze mille hommes d'infanterie et de cavalerie et 24 pièces de canon ; et l'ennemi, le lendemain, n'a pu prendre possession que d'un monceau de ruines. »

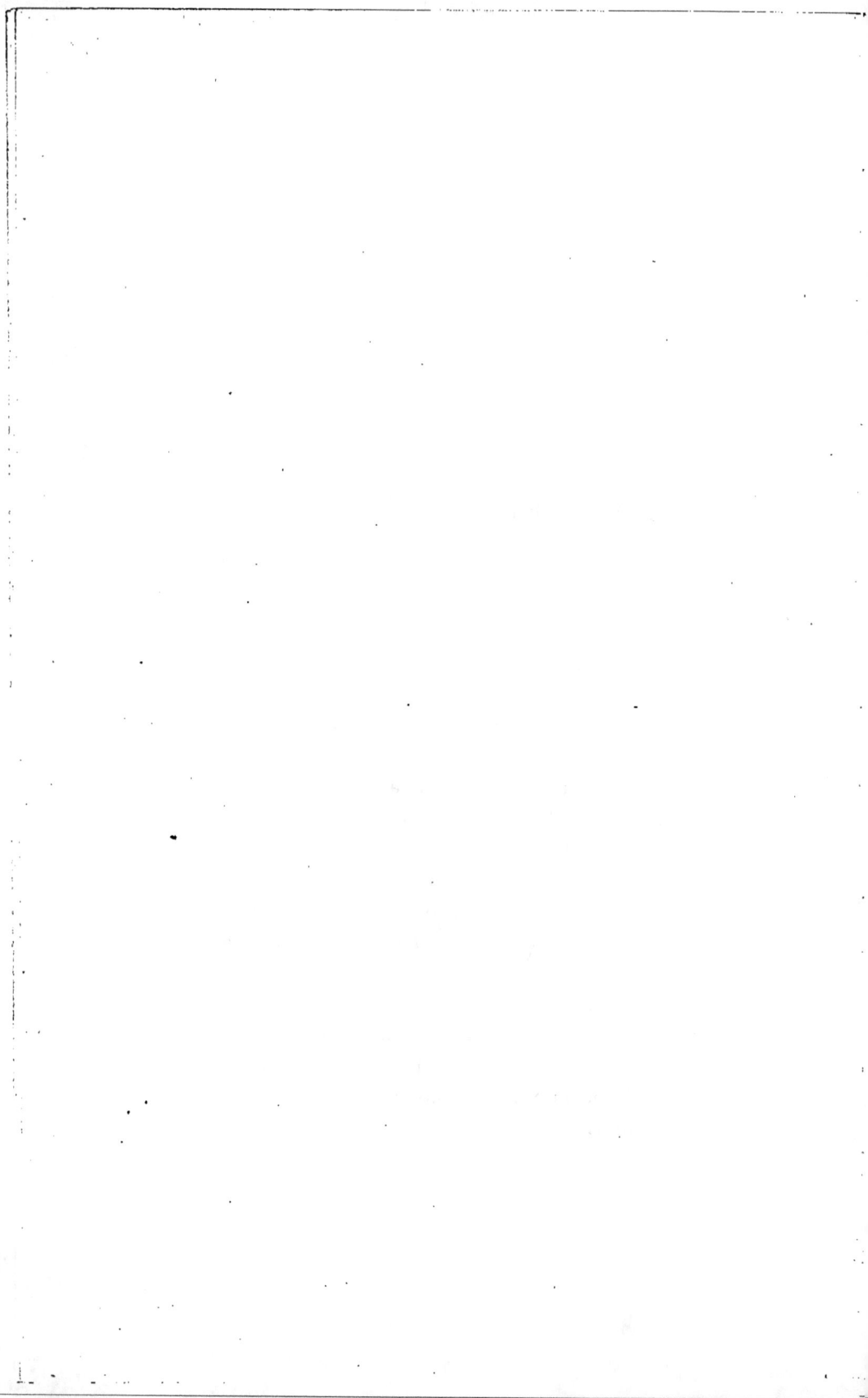

NOS PRISONNIERS.

Deux officiers manquaient à l'appel le surlendemain à Nogent-le-Rotrou, sans avoir été tués; c'étaient le capitaine *Loridan* et son lieutenant, M. *Amaury*, qui, on se le rappelle, étaient dans le jardin de la rue d'Orléans.

N'ayant pas fait un seul coup de feu, ne s'étant mis en communication ni avec la barricade de la rue d'Orléans ni avec celle de la rue de Jallans, à deux pas de lui, et ayant passé la nuit entière dans le jardin, le capitaine *Loridan* s'est rendu le lendemain, 19 octobre, avec 18 hommes et son lieutenant.

Cet officier voudrait justifier sa conduite en disant qu'il a été abandonné. Les détails dans lesquels je suis entré sur sa position mettent à même de juger combien il a été coupable de ne pas en profiter. Son feu, dirigé des fenêtres de face sur l'enclos Florent-d'Illiers, eût empêché peut-être les Prussiens de pénétrer dans la rue Galante.

Dans tous les cas, il a fait preuve de trop peu d'initia-

7

tive, sinon de défaillance. C'était à lui à se mettre, par
la porte basse et la rue de Jallans, en relations perma-
nentes avec la barricade de la rue d'Orléans et l'hôtel de
ville. Le capitaine Loridan savait que nous n'avions pas
cent officiers d'état-major à disposer pour aller partout,
surtout occupés comme nous l'étions à 1 contre 12, tandis qu'il avait 18 hommes, 1 officier et des sous-officiers
qui ne faisaient rien.

Pour moi, je savais son poste si avantageux et si bien
à l'abri que, je l'avoue, je n'eus pas l'ombre d'un doute
qu'il n'eût pas battu en retraite avec les défenseurs de la
barricade d'Orléans.

Plusieurs de ses hommes et le sergent-major de la compagnie se sont échappés, à neuf heures du soir, et le capitaine Loridan ne l'a pu! Que ne les chargeait-il de nous
renseigner au moins sur sa position? nous serions allés les
chercher à dix heures et demie.

Il était dit que ce capitaine aurait un rôle malheureux
dans cette journée, car c'est à lui encore que, le trouvant
occupé sans mon ordre, à une barricade, inutile alors, dans
la rue Royale, je commandai et recommandai la barricade
n° 7 avec le percement des murs du premier étage au pan
coupé. On sait que cette barricade ne fut pas faite, ni les
travaux de percement exécutés, et que la ville fut ainsi
livrée de ce côté aux Prussiens.

ENTRÉE DES PRUSSIENS

ET RETRAITE DES DIVERS DÉTACHEMENTS.

Quant à l'entrée de l'ennemi dans la place, voici comment elle se fit :

La barricade de la rue Galante emportée et les défenseurs de la barricade de Chartres obligés de se replier, le sous-lieutenant *Brenière* songea à charger à la baïonnette C'était téméraire. Une nuée de Prussiens débouchait de tous les côtés. La charge eût-elle réussi, que le brave détachement eût été pris comme un coin dans le cœur d'un arbre. Enveloppé aussitôt, il se fût fait tuer inutilement.

C'est en un instant, rapide comme la pensée, que toutes ces réflexions lui vinrent à l'esprit et arrêtèrent heureusement un acte désespéré.

D'ailleurs, tant d'ennemis débordaient que ces hommes intrépides, qui avaient couché plus de 300 ennemis par terre dans la journée, n'eurent que le temps de se précipiter à la descente de la Levrette et de gagner, sous un feu presque à bout portant, la rue des Fouleries, d'en franchir les obstacles et de gagner le pont Saint-Jean.

Là était rangé, par le sous-lieutenant *Scheffter*, le détachement qui s'était rallié au commandant *Lipowski* et qui s'était replié rapidement par la rue de la Madeleine. C'étaient principalement les défenseurs de la barricade d'Orléans et des Cavées.

Tous ensemble, à sept heures environ, prirent le chemin de Courtalain, conduits par M. *Pointdedette*, qui se dévoua en cette circonstance encore à montrer le chemin à la colonne.

Il restait, au parc des Dames-Blanches, le capitaine *La Cécilia* et le lieutenant *Marcelli*, le sous-lieutenant *Perrin* ayant été dirigé sur moi. Le feu était à peu près éteint partout quand le capitaine *La Cécilia* arriva avec son détachement que, l'on se le rappelle, j'avais envoyé à la dernière heure pour appuyer les défenseurs de ce côté.

Après une demi-heure d'attente dans le parc, le capitaine avait cru bon de prendre la responsabilité de la retraite et de partir avec une cinquantaine d'hommes isolément sur Courtalain.

C'est encore un fait inexplicable et dont on a lieu d'être aussi surpris que de la retraite du commandant *Lipowski*, puisque le capitaine *La Cécilia* savait par la demande de secours qui avait motivé le départ de M. le sous-lieutenant *Perrin* et par les coups de feu, qu'il devait entendre dans la nuit, que son sous-lieutenant était engagé, qu'une partie du bataillon était engagée et que ce n'était pas le moment de se retirer.

Plusieurs officiers ne voulaient pas quitter le champ de bataille et ne le quittèrent que sur la sommation du capitaine.

Enfin la rue Galante, la rue de Chartres et la rue d'Orléans libres; le parc des Dames-Blanches et les Cavées abandonnés, les Prussiens firent irruption par la rue de Chartres et par la rue Saint-François, les deux terrains où nous eûmes à les combattre de sept heures à dix heures et demie.

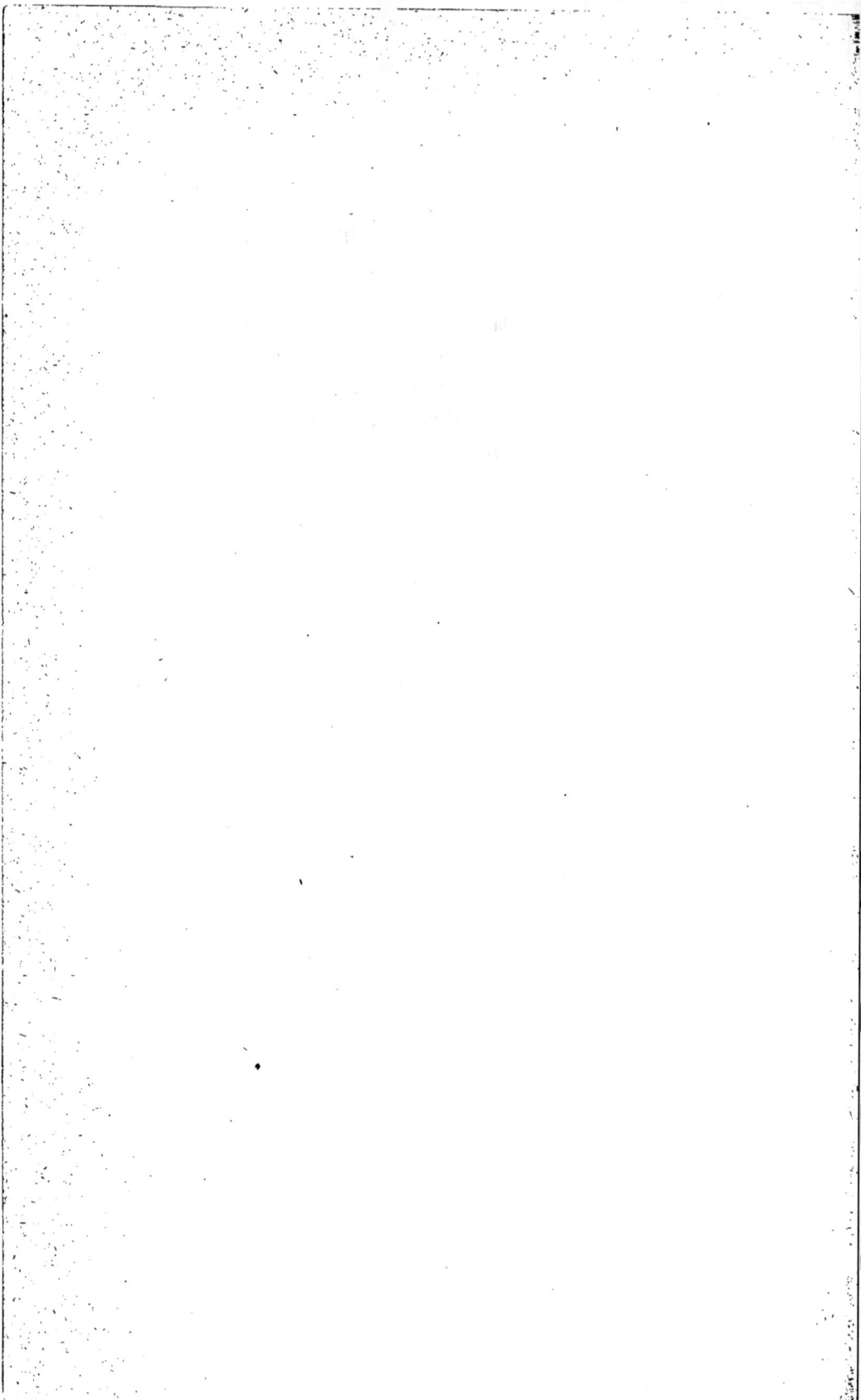

RÉFUTATION DES CRITIQUES.

Des critiques ont blâmé cette défense. Je ne rappellerai ni les termes amers dont ils se sont servis, ni les injustes reproches qu'ils ont faits.

C'était notre devoir de défendre le sol de la patrie. Nous l'avons défendu.

Si tous les Français avaient ainsi fait dans chaque localité, *Strasbourg* et *Metz* seraient à la France.

Il en est résulté des ruines.

C'est vrai. Nous les déplorons tous.

Mais sur qui doit retomber l'odieux de cette dévastation ?

Sur ceux qui ont combattu les auteurs de ces monstruosités ou sur ces monstres ?

Châteaudun lui-même n'aurait pas **20** maisons brûlées si l'Allemand, au lieu d'être soldat, ne s'était pas fait incendiaire.

Nous avons si bien fait notre devoir que la municipalité de Châteaudun voudrait aujourd'hui se donner tout le

mérite de la défense et que M. *Lumière*, maire de Châteaudun, dans son rapport au ministre[1], ne parle que de
lui, des membres du conseil, de M. *Testanière*, commandant de la garde nationale et de la garde nationale.

Nous, les francs-tireurs de Paris, avec les francs-tireurs
de Nantes et de Cannes, nous ne sommes qu'un malheureux bataillon, là par hasard, qui devait quitter la ville
le 18 même au matin.... et puis c'est tout, si ce n'est ces
mots que la vérité lui *arrache* à la fin :

« Tous les gardes nationaux sédentaires qui ont combattu sur les barricades ou en tirailleurs, ont fait vaillamment leur devoir, *à côté des francs-tireurs, dont ils
recevaient l'exemple du courage et du dévouement.* »

Si les barricades encore ont arrêté les Prussiens, c'est
qu'elles étaient dressées comme par enchantement et
gardées seulement par les gardes nationaux sédentaires
de Châteaudun, dit toujours M. Lumière.

On ne saurait être plus ingrat ni moins vrai. Nous
avons donné à Châteaudun une gloire immortelle. Cette
gloire, nous la lui avons conquise, au prix de nos fatigues
et de notre sang, en dépit du maire et de la municipalité;
cette gloire nous la revendiquons pour nous et pour les
braves gardes nationaux qui ont combattu avec nous.

Quoi! pas un mot, dans le rapport de M. Lumière,
même pour ceux d'entre nous qui sont couchés à jamais
dans le cimetière de Châteaudun.... de Châteaudun qu'ils
ont aimé jusqu'à mourir pour lui!

---

1. Rapport du maire de Châteaudun à M. le Ministre de la guerre. (Imprimerie Lecesne, à Châteaudun.)

Monsieur le maire, place pour nos morts et pour nos
blessés à côté des vôtres ! Les vôtres sont 70, les nôtres
sont 300.

Reposez mêlées, comme pendant la bataille vos cœurs
le furent, cendres vénérées !

Nous n'aurons pas l'impiété, nous, de venir saluer
celles-ci avec respect, celles-là avec indifférence.

Gardes nationaux et francs-tireurs, vous êtes dans nos
souvenirs avec la même auréole et les mêmes regrets.

Et c'est à vous tous sans distinction que je donne ma
louange dans ce récit.

Quoi ! c'est sur des tombes que nous ferions des dis-
tinctions, quand, de notre vivant, nous n'avions de joie
qu'à entrelacer nos bras !

Vos administrés eurent l'âme trop haute pour regar-
der, avant de prodiguer leurs tendres soins à nos blessés, s'ils étaient vêtus de noir ou de rouge [1]; et c'est quand
la terre de Châteaudun a bu notre sang avec celui de ses
fils que vous semblez, monsieur le maire, vouloir rejeter
nos os de son sein !

Écoutez si ceux qui ont tenu le fusil avec nous et qui
ont gémi avec nous le permettront :

« Je n'ai qu'à me louer, dit M. *Émile Delaforge*, garde
national frappé d'une balle à la poitrine, du bienveil-
lant accueil que j'ai reçu de tous les francs-tireurs qui se
sont trouvés avec moi à l'hôpital et de leur bon esprit de
fraternité; j'ai à remercier aussi les officiers qui sont ve-

---

1. Voir le remarquable rapport de Mlle Armanda Polouet, dame du co-
mité des secours aux blessés, à Mme de Flavigny. (Châteaudun, imprimerie
Lecesne.)

nus les visiter, de l'intérêt qu'ils m'ont porté. L'un d'eux, venu en compagnie d'un de mes amis, a eu la bonté de m'offrir de l'argent, en me disant que si j'avais besoin de quelque chose, je n'avais qu'à m'adresser à lui.... »

Et nous établirions aujourd'hui une séparation entre nous! entre nos morts!... Non, Châteaudun tout entier se lèverait pour protester contre cet acte comme contre une profanation.

Entre Châteaudun et Paris ce doit être un pacte éternel qu'il nous faut sceller avec la seule pierre qui doit recouvrir tous ceux que nous pleurons, et sur laquelle la France lise, le regard plein d'espoir, notre union dans ces mots : « *Châteaudun et Paris à leurs braves enfants !* »

*
* *

M. *Lumière* n'est pas dans la vérité encore, en disant que « M. le commandant *Testanière*, de la garde nationale, non content de commander et de diriger ses hommes, faisait comme eux et avec eux, le coup de fusil. »

M. *Testanière* n'a rien commandé ni dirigé, pas même ses hommes, puisque 800 étaient rentrés chez eux, et que la plupart des 200 autres étaient aux Cavées et derrière le mur crénelé des Dames-Blanches avec le lieutenant *Labadie* d'abord, puis avec le sous-lieutenant *Scheffter* et quelques-uns avec le capitaine *Boulanger*.

M. *Testanière* est resté longtemps, avec le lieutenant *Giquel*, sur la promenade du Mail, où, comme je l'ai

montré au lieutenant *Giquel*, le commandant *Testanière*
m'écoutant, il n'y avait absolument rien à faire. Il aurait
fallu que les Prussiens fussent fous pour vouloir se
tremper dans le Loir, se casser le cou dans la rue des
Fouleries et les jambes sur le versant abrupt du Nord,
tandis que la ville était accessible de plain-pied par tous
les autres points. Aussi est-ce à regret que je leur laissai
une dizaine d'hommes, dont 4 ou 5 gardes nationaux.

Ce point était tellement inabordable que le commandant *Lipowski* aussi ayant voulu, à trois reprises, diriger
des forces de ce côté, je m'y opposai absolument. J'avais
ordonné et visité les travaux, reconnu l'île et tout le
terrain au delà du moulin de la Boissière, à près de un
kilomètre. J'étais sûr que nul ne pouvait pénétrer par là.

Les Prussiens qui auraient eu l'imprudence de descendre
le petit sentier qui fait communiquer la route de Chartres
avec la rue des Fouleries, eussent-ils été dix mille,
auraient été massacrés avec des pierres seulement, ai-je
dit déja.

Ces pierres étaient prêtes au haut de la descente du
gué aux chevaux ; des engins avaient été préparés auprès
du pont de la descente du Mail et des précautions avaient
été prises pour faire sauter et rouler les escaliers de la
descente de Saint-Pierre.

M. *Testanière* qui n'avait donc rien à commander sur
la promenade du Mail où on ne se battait pas, ni à la
barricade de Chartres où il ne fit qu'une apparition, ni
à la barricade du pont Saint-Jean où il ne se tira pas un
coup de feu, M. *Testanière* a dû être blessé, non pas en

commandant, mais à la porte de sa belle-sœur, dans la
rue d'Orléans, alors qu'il se retirait chez lui, le soir, vers
les 7 heures.

J'établis ces faits, non pas que je veuille ôter à M. *Testanière* ni de la valeur qu'il peut avoir montrée en faisant
le coup de feu, ailleurs alors qu'aux endroits que j'ai
cités, ni de l'intérêt qu'on lui doit témoigner pour sa
blessure, mais pour demeurer dans la vérité, et ne
jugeant d'ailleurs que les opérations militaires.

Or, à ce point de vue, comme commandant, M. *Testanière* devait réunir son bataillon, le tenir à notre disposition et demeurer de sa personne avec nous, pour exercer,
sous notre direction, une action immédiate sur les troupes
de son commandement.

Quant à M. *Lumière*, il est resté, c'est vrai, à l'hôtel de ville, dans la journée du 18, non pas sur les
marches de l'hôtel, par cette raison, ignorée des nouvellistes qui l'ont placé là, qu'il n'y a pas de marches, mais,
je le proclame, non sans courir des dangers cependant.
Les obus tombaient sur la mairie avec une grande rapidité
et un fracas terrible.

Pour ce qui est « des coups de fusil tirés sur lui par des
factionnaires apostés à la porte de sa maison, à 11 heures
du soir, » je ne nie ni les coups de fusil, ni les factionnaires, mais je conteste l'heure, attendu qu'à 11 heures
j'étais sur la place avec 300 hommes et que M. le capitaine
Kastner y était à 11 heures 1/2 avec 60 hommes. Ce que
je nie « c'est qu'à 9 heures sa maison ait été envahie par
une bande de forcenés, poussant des cris de mort et le
cherchant dans les corridors et partout ailleurs qu'à la

mairie... » car à 9 heures, nous faisions le coup de feu
dans la rue de Blois et moi-même je plaçais un franc-
tireur accroupi derrière le petit escalier de sa maison pour
faire feu sans risquer d'être atteint lui-même.

Je garantis que jusqu'à 10 heures 1/2, 11 heures,
11 heures 1/2 il n'y avait de forcenés prussiens poussant
des cris de mort contre le maire, ni là, ni ailleurs, ni à
la mairie et pour une bonne cause, c'est que nos chassepots en avaient balayé entièrement la ville.

Non-seulement, on pouvait juger qu'il n'y en avait plus
au silence de leurs fusils, mais encore, par ses propres
yeux, car, hélas ! les lueurs de l'incendie éclairaient les
rues comme un soleil rouge.

M. *Lumière* enfin veut bien dire charitablement que
si les Prussiens sont entrés dans la ville, c'est que « la
barricade de la rue de Chartres put être tournée par suite
d'une disposition mal choisie dans sa construction. »

Or, il est constant que si M. le Maire avait mis à ma
disposition les travailleurs que je l'ai prié et puis sommé
de me donner, que s'il ne nous avait pas envoyés à
Courtalain le 12, nous faisant perdre ainsi une nuit et
un jour ; que si, sollicitant tantôt notre arrivée, tantôt
notre départ, comme s'il avait voulu avoir des dépêches pour tous les cas, il n'avait pas jeté ainsi le trouble dans notre entreprise ; que si, au lieu de désarmer
la garde nationale, d'effrayer les troupes du Gers, de
Brou, de Cloyes, de Châteaudun, il avait fait un appel
au dévouement de tous et encouragé chacun dans ses
pensées généreuses : il est constant, dis-je, que les
ordres que j'avais donnés pour le mur du jardin N et

pour la barricade 7 et pour la mise en état de défense
des étages du pan coupé L auraient été exécutés et bien
d'autres défenses que j'avais résolu de faire en principe
dans la rue Galante, dans l'enclos Florent-d'Illiers et sur
la ligne du chemin de fer, et qu'ainsi les Prussiens n'auraient pu forcer le passage.

Que M. *Lumière* se permette de critiquer aujourd'hui la
disposition de la barricade de la rue de Chartres, le pro-
cédé est plaisant. Si M. le Maire s'en était aperçu, que ne
nous en a-t-il avisés avant la bataille ? Que n'est-il venu en
discuter avec moi sur le terrain les vices ou la faiblesse ?

M. le maire n'oublie qu'une chose dans son rapport,
c'est de dire que ce n'est pas la barricade de la rue de
Chartres qui a été prise, mais bien celle de la rue Galante;
et que cette barricade de la rue Galante aurait pu résister
si M. *Lumière,* concourant à notre œuvre, m'avait donné
des gardes nationaux pour établir ma ligne de défense le
long des prairies qui bordent la rue d'Orléans de T en U;
travaux, on le sait, derrière lesquels je voulais placer une
ligne de tirailleurs qui auraient croisé leurs feux, d'une
part avec la maison occupée par le capitaine *Loridan,*
d'autre part avec la rue Galante et avec le mur du jardin N;
travaux commencés par les sous-lieutenants *Scheffler* et
Brenière et démolis sur l'ordre du commandant *Lipowski.*

La disposition de la barricade de Chartres, n'en dé-
plaise à M. le maire, était excellente pour son objet, que
j'ai défini ailleurs.

Et s'il en doute encore après notre affirmation, qu'il le
demande aux Prussiens.... qui ont perdu là, d'après

l'estimation du sous-lieutenant *Brenière*, 300 hommes, tandis qu'ils ne lui en ont tué que 17.

Mais je ne m'appesantis pas davantage sur le sans-façon avec lequel M. le maire de Châteaudun traite ceux qui, pendant 18 jours, n'ont eu qu'une pensée, mourir pour Châteaudun, dont la moitié sont morts ou blessés, dont l'autre moitié a fait tout ce qu'elle a dû pour mourir.

« Rendons à César » ce qui est à César, s'écrie M. Coudray, dans un beau moment d'indignation.

Oui, je le veux, nous le voulons.

Voici comment je me résume.

Les gardes nationaux qui se sont battus ont été braves.

Tous se seraient battus si la municipalité n'avait pas désorganisé leur beau bataillon.

La mairie ne voulait pas qu'on défendît la ville. Le maire, M.*Lumière*, n'a pas démenti le fait.

Les francs-tireurs de Paris (1er bataillon, devenu plus tard régiment de *Paris-Châteaudun*) sont les principaux héros de cette défense qui a fait décréter que Châteaudun a bien mérité de la patrie. Avec eux ont pris part à la lutte les francs-tireurs de Nantes, 1re compagnie, et une compagnie de francs-tireurs de Cannes, dont les pertes aussi ont été cruelles.

Enfin 150 gardes nationaux ont été nos émules.

Nous ne prétendons pas avoir été des hommes exceptionnels. Nous sommes contents, avec la conscience d'avoir accompli notre devoir.

Et si nous n'avons mieux fait encore, c'est à la municipalité et à M. le commandant *Lipowski* à dire pourquoi.

Nous sommes prêts pour une enquête.

*
* *

Pour excuser leur peu de courage, le trouble de leur esprit, leur manque d'abnégation et de patriotisme, des hommes ont inventé de trouver mauvais que les villes ouvertes se défendissent.

On ne saurait se figurer à quels excès se sont portées certaines villes contre les hommes vaillants accourus pour les soustraire à la domination prussienne.

A peine étions-nous signalés que portes et fenêtres se fermaient. Exténués, pieds nus, pâles de faim et de froid, le visage marqué de la poudre et des blessures du combat, mais l'œil plein de colère encore contre les envahisseurs, on nous refusait du pain, un gîte, un grabat, un peu de paille, jusqu'à un verre d'eau…. Que dis-je, un maire a menacé d'armer les fusils de sa garde nationale contre nous, si nous tentions d'arrêter la marche infamante de l'étranger sur le sol de la patrie…. Ce maire est le maire de Montereau.

Et ces hommes, qui devraient être marqués au front d'un stigmate qui en fît un objet de réprobation, sont ceux qui ont jeté sur les corps francs cette défaveur, qui semble attachée à leur nom aujourd'hui.

Que quelques compagnies aient donné de justes, de graves sujets de plainte, je le crois. Mais à côté d'elles combien d'autres ont montré de dévouement et de bon esprit! Avant de les condamner, il est essentiel de se

bien pénétrer de la précipitation de leur levée, du désarroi
de la France, après Sedan, du délaissement dans lequel on
les tint longtemps, de l'ingratitude qu'on leur témoigna et
de cette panique révoltante des autorités municipales
qui fit si souvent croire et crier à la malveillance, à la
trahison.

En général, on peut dire que les maires détournaient les
populations de la résistance aux Prussiens et des sympathies
à l'armée. Combien ont refusé de nous loger, sous prétexte
du petit nombre des feux de leurs localités, quand fermiers,
ouvriers, pauvres gens se disputaient, quelques minutes
après, la joie de nous recevoir au contraire sous leurs
toits, dans leurs granges ou leurs greniers! Combien, de
la même main, qui nous signalait calomnieusement aux
contrées du voisinage comme des forbans, nous, leurs
compatriotes, leurs amis, leurs frères, venus spontanément pour la défense de leurs biens, de leurs familles,
d'eux-mêmes; combien, dis-je, de cette main, allaient
offrir aux Prussiens argent, blé, fourrage, bonne chère et
bon lit, quand ils ne dénonçaient pas notre approche et
nos forces!

L'une des raisons principales de notre défaite est dans
cette attitude de la partie non militaire de la province et
dans l'opposition systématique que firent aux généraux
les officiers de l'ordre civil.

Il faut avouer ces vérités, qui sont bien connues des
Prussiens, pour nous prémunir contre le retour de sem-
blables défaillances. Il faut les écrire pour faire rentrer
dans leurs consciences les Français qui n'ont pas eu le
courage des Espagnols, l'énergie des Russes, le patrio-

8

tisme des Mexicains, qui nous ont chassés par le fer, par le poignard, par le feu, par les combats partiels. Il faut que chacun prenne, au prorata de sa mollesse, sa part de notre paix humiliante et ruineuse.

Il faut répondre à ceux qui excusent cette conduite pusillanime, sous prétexte de *sauvegarde des citoyens et des propriétés;* bien plus, qui vont jusqu'à imputer à crime les défenses héroïques des petites villes.

C'est à croire, à entendre leur langage, qu'il n'est rien qui doive tant exaspérer dans les coups qui nous ont frappés.

Quoi ! votre âme s'émeut de ce que notre armée est écrasée à Reischoffen, de ce qu'on capitule à Sedan, de ce qu'on rend Strasbourg, Metz, Orléans, de ce que l'étranger a conquis l'Est, menace le Nord, investit Paris, avance sur la Loire, et sera maître bientôt de la France entière !...

Quoi ! vous parlez de faire le vide devant eux, d'organiser la défense derrière chaque buisson, de déménager tout ce qui est transportable et de brûler le reste, de raser les cités qui vont servir à l'ennemi de parc d'approvisionnemen:s ou de trait d'union entre ses divers camps....

Oui, il fallait faire tout cela et sans hésiter, comme l'ont accompli les sublimes villes de Civry et de Varize aujourd'hui en cendres, de Châteaudun presque en ruines.

Ainsi, deux uhlans n'auraient pu réquisitionner et l'argent de vos caisses et le bétail de vos étables ; ainsi vos ennemis eussent dû aux fatigues, aux dangers, ajouter la privation de nourriture et se seraient découragés.

Au lieu d'une étape de quatre lieues par jour, il leur

eût fallu en faire de huit, de dix, en plein désert avec tous
les *impedimenta* d'une nombreuse troupe en marche, tandis que, par un renversement inouï de tout bon sens,
c'est nous, sur notre territoire, au sein de nos familles, au
milieu de notre abondance, qui avons traîné à notre suite
voitures, convois, munitions, ambulance, cette queue
interminable de voitures qui ont fait notre faiblesse et
notre désespoir. Chacun faisant son devoir et son sacrifice,
l'ennemi n'aurait pu s'aventurer qu'en force, obligé encore
à garder ses flancs et ses derrières ; son hésitation nous
donnait du temps ; ce temps était employé à nous organiser, à recruter de nouvelles troupes, à former de nouveaux soldats, à fabriquer de nouvelles armes, à ne présenter la bataille qu'à notre heure.

Les armées prussiennes, loin de pouvoir se prêter un
appui mutuel, étaient obligées de réserver, chacune, toutes ses forces. Au lieu de dix hommes pour les reconnaissances et les réquisitions ou les fourrages, il leur en
fallait cent. Au lieu de coucher dans de bons lits ou sur
de fraîches litières, ils campaient dans la neige, dans la
boue. La dyssenterie, la petite vérole, l'anémie, toutes
les maladies qui frappaient nos hommes réduits à la terre
gelée ou putride, au biscuit et au lard, se seraient abat-
tues sur eux et auraient concouru avec nos feux continus
à un épuisement, à une mortalité qui auraient jeté la dé-
moralisation dans leurs masses.

Mais loin de là ! C'est nous qui souffrions et eux qui se
prélassaient sur de bons matelats, sous de chaudes cou-
vertures. Nous jeûnions, nous criions la soif. Ils man-
geaient, ils buvaient.

Les mêmes gens qui nous chassaient, se disant sans provisions ni ressources, compatissaient aux souffrances de nos ennemis et leur ouvraient leurs huches et leurs celliers.

Qui s'étonnera qu'ainsi la jeunesse française ait été au combat sans confiance et sans enthousiasme? Car l'armée régulière a-t-elle été mieux accueillie? Mais point. Il est des troupes qui sont demeurées jusqu'à quatre jours, ne mangeant que du biscuit, se battant et marchant le jour et la nuit, sans trouver au terme de leurs opérations un visage ami. Aussi étaient-elles découragées de tant d'indifférence, blessées au cœur de ce froid égoïsme. Une poignée de main sur leur passage, un pas de conduite, une légère marque de sympathie, une hospitalité bienveillante eût transformé ces hommes en lions.

Quand une nation est en guerre, ce doit être dévouement pour dévouement. Il est nécessaire que l'armée apprenne, sache, voie que le reste du pays la suit, le cœur palpitant et prêt à donner ses biens pour elle, qui donne sa vie pour lui. Dans une guerre nationale surtout, tout doit être ouvert aux combattants. Ne vont-ils pas mourir pour vous sauver, vous, vos familles, vos biens? Donnez-leur donc la part qu'ils méritent de votre toit et de votre pain? Certes, ils n'ont pas beaucoup de temps pour se reposer et manger, vous n'avez pas à redouter qu'ils vous ruinent; et d'ailleurs ne vaut-il pas mieux qu'ils en profitent que l'ennemi. Ce verre de vin leur donnera des forces; ces égards, du cœur au ventre; ils triompheront, et vous serez rémunérés si vous avez dû faire plus que votre part de sacrifices.

Et votre honneur et votre indépendance et vos coutumes et vos enfants que la loi étrangère vous eût ravis, les comptez-vous pour rien ?

En fin de compte, où en sommes-nous arrivés avec le système préconisé par les trembleurs et les avares ?

A avoir nos greniers vides, nos granges vides, nos remises vides, nos écuries vides, nos étables vides, nos caisses vides. Les Prussiens ont pris blé, avoine, foin, voitures, chevaux, troupeaux, argent.

A quel chiffre fabuleux ces pertes peuvent-elles monter ? Le recensement qu'en fait chaque commune l'apprendra. Et les dégâts qu'ils ont causés dans les maisons, dans les prairies, dans les bois, sur les chemins ? Et la peste qu'ils y ont laissée ? En armes, poudre, canons, bagages, équipages, ils ont à nous pour des milliards. Ils ont à nous la Lorraine et l'Alsace, leur commerce, leur industrie, leurs manufactures, leur race intelligente, fière et courageuse, dévouée à la France. Ils ont occupé et occupent à nos frais un quart de notre territoire ! Et il faut leur donner cinq milliards encore !

Total général.... Vingt milliards.... Et la guerre civile.... et la perspective d'une nouvelle lutte....

Les populations auraient accompli leur devoir en partageant avec les combattants, en encourageant leurs efforts, en palpitant de leur colère, en favorisant leurs mouvements, en emportant ou détruisant, brûlant tout ce qui pouvait ravitailler l'ennemi vainqueur, en se réfugiant elles-mêmes chez leurs voisines, versant leurs hommes robustes dans nos rangs et mettant à l'abri les vieillards, les femmes et les enfants ; il se fût élevé du sol entier de

France un souffle de dévouement et d'héroïsme qui aurait terrifié et emporté les masses ennemies.

Qu'est-ce que cela aurait coûté ? Deux, trois, quatre, cinq milliards....

C'est l'indemnité de guerre que nous aurions frappée qui les aurait payés.

Et nous jouirions du triomphe aujourd'hui.

Et nous jouirions de la paix intérieure.

Et nous pourrions contempler nos enfants sans craindre de les voir grandir pour une nouvelle bataille que tout présage devoir être horrible et sans merci.

Chanzy et *Gambetta* sont les seuls hommes qui aient compris la grandeur des sacrifices à faire pour épargner à la patrie et la honte et la ruine, sous lesquelles elle se traîne écrasée aujourd'hui [1].

Même après la capitulation de Paris, la France pouvait vaincre, si, réveillée de sa léthargie par l'ébranlement de si terribles secousses, elle jetait les yeux sur le livre de ses traditions, ouvert et tenu par ces deux géants à cette page : « *Honneur et Patrie!* »

Elle n'est pas réveillée encore.

Mais elle se réveillera.

---

1. Voir le *Parallèle de la défense nationale sur la Loire et à Paris* (André Sagnier, éditeur. — Paris)

LE MAIRE DE BROU.

Nous venions d'arracher les cinq lieues qui séparent Châteaudun de Brou aux lueurs sinistres de l'incendie qui dévorait la ville.

Les 250 hommes que j'avais pu, par un suprême effort, ramener serrés, en cas d'attaque nocturne, tombaient d'épuisement.

Il était 3 heures du matin.

Depuis midi, ils se battaient et marchaient sans avoir rien bu ni rien mangé.

Je ne pouvais pourtant arrêter à Brou ma vaillante petite troupe. C'était l'exposer à une poursuite de l'ennemi et la faire tomber, exténuée, sous ses coups. Il fallait pousser jusqu'à Nogent-le-Rotrou, où le général von Wittich, irrité de notre défense, ne pouvait plus lancer après nous que sa cavalerie, dont nous aurions eu raison. Quant à son infanterie, j'avais ainsi deux journées de marche sur elle et je pouvais employer ces deux jours à nous refaire pour un nouveau combat ou un mouvement rapide.

Or, aller à Nogent à pied, il n'y fallait pas songer. C'était près de 7 lieues à faire encore.

Je demande donc au maire, vu l'urgence et les périls que courent mes hommes, de mettre des charrettes à ma disposition.

Le maire.... oui, le maire, ceint de son écharpe, à ces hommes héroïques qui laissaient 200 de leurs amis sur le champ de bataille et qui, eux-mêmes, n'avaient échappé que par miracle à l'ennemi; le maire, à ces francs-tireurs, venus spontanément de Paris pour défendre l'entrée de la Beauce aux Prussiens, le maire refusa des charrettes et les refusa *insolemment!*

Toute la journée, il avait entendu le canon et la fusillade; les flammes se voyaient dans le ciel au-dessus de Châteaudun; une longue file d'habitants désormais sans asile nous accompagnaient. Nos hommes, pris d'engourdissement, tombaient sous ses yeux sur la dalle et dans les couloirs. Les Prussiens pouvaient être à notre poursuite. Il n'était pas rare qu'ils fusillassent nos prisonniers, à cette époque. Or, ils avaient une réserve fraîche, ils avaient des cavaliers, ils avaient du canon. Ceux de nos camarades, tombés entre leurs mains, n'étaient pas sans leur avoir fièrement déclaré notre petit nombre; revenus de leur surprise donc, ils devaient nous pourchasser, et nous n'avions d'appui, de soutien à attendre d'aucun côté; nous étions à 20 lieues de toute armée française.

Mais qu'importaient au maire et notre bataille et nos fatigues et mes craintes et mes appels à ses sentiments de Français et d'homme, mes sommations à ses devoirs de maire et de citoyen.... Il refusa.

Brou a 4000 habitants.

Mes hommes réclamaient qu'on le pendit.

Je dus donner ordre d'entrer dans les remises et d'é-
veiller les habitants qui, je le proclame bien haut à leur
louange, furent les premiers à nous guider dans nos recherches. Leur empressement à nous servir fut aussi
grand que les refus du maire avaient été féroces.

Il me fit perdre ainsi toute l'avance que j'avais gagnée.

A 9 heures du matin seulement, le 19, le convoi pouvait se mettre en route....

A 1 heure de l'après-midi, nous étions à *Nogent-le-Rotrou*, ville patriotique par excellence, qui nous reçut avec
une si cordiale courtoisie que l'espoir et la confiance nous
revinrent aussitôt.

. . . .

Le maire de Brou disparaîtra, j'espère, flétri par la
conscience publique et désavoué par le gouvernement de
la Défense nationale.

Il fait tache dans ce pays.

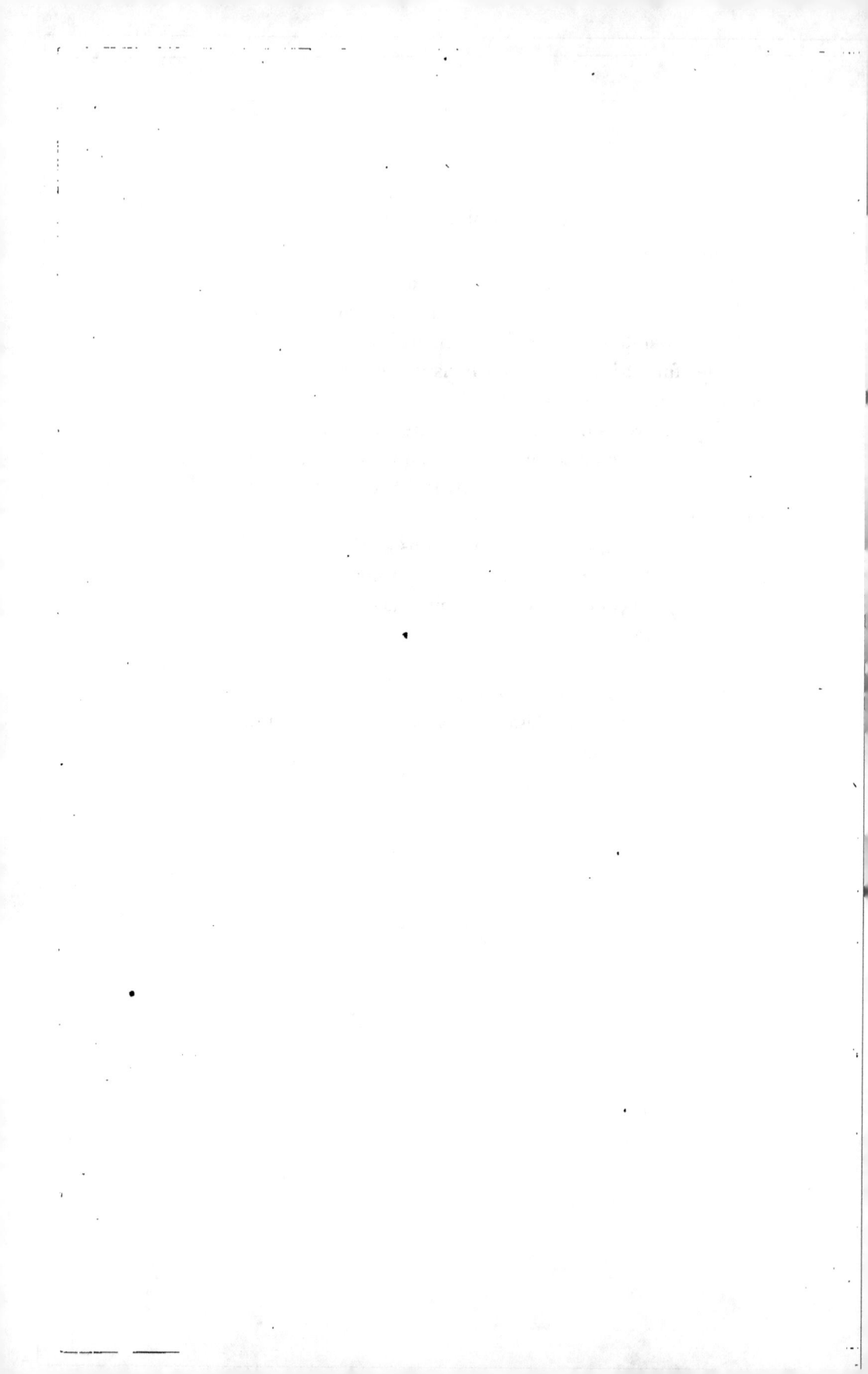

DE PARIS-CHÂTEAUDUN.

AU DRAPEAU.

Voici l'heure venue où, déposant les armes,
Il faut, pauvres amis, vaincus, nous séparer....
Eh bien, sachons rentrer au fond du cœur nos larmes,
Mais sur notre drapeau jurons de nous venger.

Nous ne le rendons pas [1] ; nous le confions, frères,
A vos fidèles mains jusques au jour trop lent
Où la France criera : « Debout, les volontaires !
« A moi, Lorraine, Alsace!... et mort à l'Allemand! «

1. Avant notre séparation à Saint-Hilaire du Harcouët, nous étions convenus de nous réunir à Paris le 18 mars, pour remettre notre drapeau, que
nous tenions de la garde nationale, à l'Hôtel de Ville. Les troubles imprévus
de cette journée nous forcèrent à le laisser aux mains du colonel, alors
M. *La Cécilia*.

Ayant appris que ce drapeau avait été enlevé de son domicile par les troupes de Versailles, à leur entrée dans Paris, j'ai écrit aussitôt à M. le Ministre
de la guerre la lettre suivante :

    Monsieur le Ministre,

J'ai l'honneur de recommander à votre bienveillance deux réclamations

Il nous a vus courir sur les hordes sauvages,
Instruites à Berlin à l'incendie, au vol ;

importantes concernant : l'une, le drapeau des francs-tireurs de *Paris-Château-*
dun ; l'autre, la solde de captivité de ces francs-tireurs.

Le drapeau a été pris au domicile de M. *La Cécilia* qui le gardait, comme
colonel, jusqu'au jour où nous pourrions, en corps, le déposer à l'Hôtel de
Ville.

Ce drapeau, les Prussiens, seuls, l'ont vu.

Il porte plusieurs journées glorieuses : *Ablis, Châteaudun, Varize, Alençon.*

Je fais appel, Monsieur le Ministre, au sentiment d'honneur militaire de
Votre Excellence pour qu'il ne soit pas confondu et anéanti avec les drapeaux
de la Commune et pour qu'il soit remis entre mes mains, comme lieutenant-
colonel, chef du corps aujourd'hui.

Les fautes de M. *La Cécilia* lui sont personnelles. Nous rendre solidaires
de ses actes, en nous privant de notre drapeau, serait injuste et trop cruel.

Quant à la solde de captivité ou secours aux prisonniers, je serais particulièrement heureux que Votre Excellence daignât donner des ordres à l'inten-
dance pour les servir.

Les francs-tireurs de *Paris-Châteaudun* ont été un corps organisé sous le
auspices de M. le Gouverneur de Paris, de M. le Ministre de la guerre, de
M. le Ministre de l'intérieur ; considérés comme troupe régulière, nous en
avions la solde, les prérogatives, l'armement et *la discipline.*

Parti de Paris le 9 septembre 1870, ce corps n'est rentré que le 14 mars 1871,
après des escarmouches brillantes, des coups de main heureux, des combats
tels que Châteaudun ; après une campagne enfin de six mois pendant laquelle
ils ont fait décréter qu'une ville, *Châteaudun,* a bien mérité de la patrie ; après
laquelle ils ont acquis *l'estime* de leurs ennemis au point que le prince Frédéric-Charles lui-même s'interposa à Varize pour faire respecter nos prisonniers.

Voici ses propres paroles à un général qui les faisait fusiller : « Général, ce
sont les défenseurs de Châteaudun ! »

Le Ministre de la guerre de France ne saurait prendre moins d'intérêt à la
situation de ces héroïques volontaires qui, partis mille, sont revenus deux
cents à peine.

. . . .

Ceci, sans préjudice des pensions et récompenses que j'aurai l'honneur de
solliciter pour les blessés, les amputés, les hommes hors d'état de travailler, et
ceux qui se sont particulièrement distingués par leur bravoure et leur dévouement.

Confiant dans votre respect élevé de la justice, je vous prie, Monsieur le
Ministre, d'agréer, etc.

Sur les débris fumants des cités, des villages,
En sang il nous a vus disputer notre sol....

Est-ce assez? Non. Nos sœurs du Rhin traînent des chaînes,
Nos greniers sont détruits, nos sillons sont sans grain;
Mille fils, attendus au foyer plein de peines,
Sont morts assassinés sur le bord du chemin.

Les femmes, les vieillards sont partout dans les larmes,
Insultés ou meurtris par d'infâmes soudards....
Justice! Il faut justice.... et par nos propres armes!
Nous devons revenir aux combats, aux remparts,....

Que jamais donc un nom ne s'efface en nos âmes
De ceux qu'il porte écrits sous son crêpe de deuil,
Écrits, souvenez-vous, à la lueur des flammes
Que de lâches Prussiens mettaient de seuil en seuil.

Sur *Ablis, Châteaudun*, sur *Civry, Lutz, Varize*,
Sur *Alençon*, prêtons le serment, Francs-Tireurs,
De n'avoir de repos que la Prusse conquise,
Expiant ses forfaits sous nos talons vainqueurs.

E. L.

18 mars 1871.

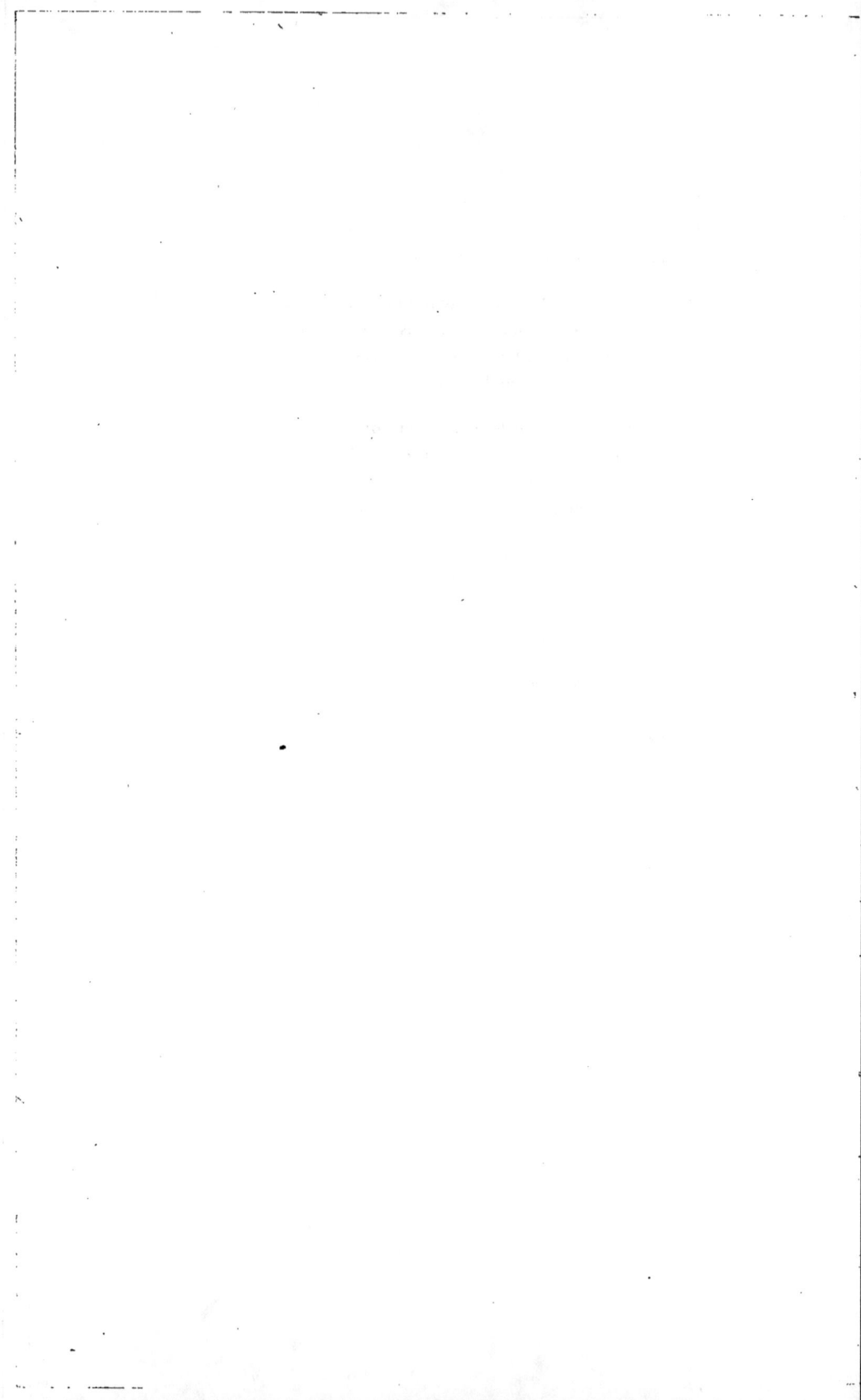

ÉPILOGUE.

Je ne saurais mieux terminer qu'en citant, à l'encontre des reproches qui nous ont été faits d'avoir défendu une ville ouverte, ces paroles dignes et émues prononcées à la Chambre par le rapporteur de la commission, M. Lefèvre Pontalis, je crois :

Messieurs,

« L'Assemblée nationale a été saisie, d'abord par M. Claude (de la Meurthe), puis par M. Lenoël, de deux projets de loi tendant à faire supporter par la nation tout entière la charge des désastres causés par la guerre. Sans préjuger votre résolution sur ces propositions, fondées sur la solidarité entre citoyens d'un même pays, nous venons, en invoquant un autre principe, *le devoir de la patrie envers ses enfants qui se sont sacrifiés volontairement pour elle*, vous demander un secours provisoire et immédiat pour la ville de Châteaudun et pour les communes voisines qui se sont fait une *situation exceptionnelle par leur héroïsme et leurs malheurs.*

« Nous ne voulons assurément point affaiblir votre intérêt pour les autres villes de France qui ont subi l'affront et les ravages de l'invasion. Nous savons ce qu'il leur a fallu de courage pour résister ou de patience pour souf-frir. Mais la plupart d'entre elles ont été engagées, en quelque sorte, malgré elles, dans les douleurs de la guerre, par les opérations de l'armée ou par le voisinage des batailles.

« *Châteaudun,* ville ouverte, *a pris une part volontaire* à la lutte et a été victime de son patriotisme et de son courage.

« *Tel est le titre qui lui donne un droit éminent à votre sympathie.*

« Déjà *Varize* et *Civry,* villages voisins et dignes du même éloge, avaient donné l'exemple d'une résistance héroïque....

. . . .

« Ni ce terrifiant exemple ni la certitude d'un sort pareil n'intimident Châteaudun. Ses habitants ne calculent point avec l'honneur. 400 gardes nationaux, appuyés par 800 francs-tireurs[1] qu'ils abritent dans leurs murs, rivalisent de courage et d'audace. Des barricades s'élèvent de tous côtés et, le 18 octobre, quand un corps de 10 à 12 000 Prussiens, pourvus d'une nombreuse artillerie, se présente aux portes de la ville, il ne vient à la pensée de per-

---

1. Les chiffres de 150 gardes nationaux et de 950 francs-tireurs que j'ai déjà donnés sont les chiffres exacts.

sonne de capituler. Depuis 1 heure de l'après-midi jusqu'à 7 heures du soir, 30 canons lancent sur les édifices
et sur les maisons de la ville une pluie de feu, d'obus et
de mitraille, pendant qu'à chaque barricade une fusillade
meurtrière continue à rendre impuissantes les attaques
de l'ennemi. Mais les Français n'ont perdu que 30 tués et
40 blessés[1], tándis qu'ils ont fait subir à l'ennemi une
perte de plus de 2000 hommes.

« Enfin à 7 heures du soir, une colonne d'infanterie al-
lemande, accueillie par un effort désespéré....

. . . .

« *Il ne s'élèvera pas une voix en France pour regretter*
cette RÉSISTANCE COMME INUTILE *ou cet* HÉROÏSME *comme* MAL
CALCULÉ.

« *C'est par des traditions pareilles que le caractère fran-*
çais a été formé ; C'EST PAR DE PAREILLES LEÇONS QU'IL SE
RELÈVERA A SA HAUTEUR PREMIÈRE ; CHATEAUDUN S'EST IMMO-
LÉ POUR L'HONNEUR DE LA FRANCE ; *sa vaillance sera célébrée*
tant que le mépris de la mort et de la ruine, le sacrifice
du citoyen à la patrie seront comptés au nombre des plus
belles vertus de l'humanité.

« Le gouvernement de la Défense nationale l'a compris. Dès le 20 octobre, il déclarait par décret que la ville
de Châteaudun a bien mérité de la patrie.

« Paris lui-même, subissant volontairement (et c'est
là son grand mérite) un siége qui sera notre honneur dans
l'histoire, Paris a envoyé à la petite cité qui, volontaire-

---

1. Il n'est question ici que des pertes de la garde nationale.

ment aussi, s'était sacrifiée à la France, une marque de son admiration.

« *Nous ne présumons certainement pas trop de l'Assemblée nationale en lui demandant de joindre,* au nom de la france, *son témoignage de sympathie à de tels hommages.*

. . . .

« Ce n'est pas la première fois que la ville de Châteaudun est la proie des flammes. Sa vieille devise : *Extincta revivisco*, qui peut, grâce à vous, rester une vérité, prouve que déjà elle a eu la triste occasion de renaître de ses cendres. Après l'incendie de 1723, qui n'était dû cependant qu'à un simple accident, le roi Louis XV fit rebâtir aux frais du Trésor public toutes les façades de la ville ; il accorda aux victimes un subside de 900 000 livres et déchargea tous les habitants de Châteaudun de toute imposition pendant 10 ans.

« *L'Assemblée nationale ferait-elle moins pour réparer un désastre virilement prévu et bravé, par fidélité à la cause de la France? Pour qui aurait-elle des secours, si ce n'est pour les plus courageux des Français! La patrie voudra relever de ses mains reconnaissantes les ruines faites pour la patrie; elle tiendra à honneur de transformer Châteaudun reconstruit en un monument national.* »

*
* *

De mon côté, loin de moi aussi la pensée d'affaiblir

l'intérêt que la France doit et veut porter à cette cité que j'appelle quelque part « la ville de notre affection. »

Mais qu'il me soit permis de réclamer de cette Assemblée une part de sa sollicitude pour les hommes courageux et dévoués qui ont le plus contribué à sa défense.

Enfants qui se sont sacrifiés volontairement et qui ont fait preuve, non pas à Châteaudun seulement, mais durant six mois et en mille occasions, de cet héroïsme, de cette résolution, de cette fidélité à la patrie dont l'éloquent plaidoyer qu'on vient de lire fait une si belle gloire à Châteaudun, les francs-tireurs de Paris (1er bataillon), les francs-tireurs de Nantes et de Cannes, à cette vertu qui les a portés à s'immoler tous, sans exception, pour l'honneur de la France, ont ajouté celle bien rare aussi de la modestie.

Jusqu'à ce jour, nul n'avait dit ce qu'ils ont accompli ; nul d'entre eux ne s'en est plaint.

Quand la nouvelle de notre licenciement nous fut brutalement signifiée à Saint-Hilaire du Harcouët; quand on nous dit qu'il nous fallait rendre nos armes et nous séparer, à l'instar des « brigands » de la Loire, sous le coup de la réprobation, pour avoir défendu notre patrie, notre honneur ; en butte à la défiance, parce que nous voulions les défendre encore ; poursuivis par une triste célébrité parce que nous étions avec Gambetta et Chanzy pour la lutte et le ferme espoir de faire repasser le Rhin aux hordes, moins terribles qu'on le pense, des Prussiens, je rédigeai la pétition suivante que j'ai, couverte de plus de 200 signatures :

Saint-Hilaire du Harcouët, 10 mars 1871.

A Monsieur Thiers
Chef du pouvoir exécutif de la République française.

Monsieur le président,

Les soussignés, officiers, sous-officiers et soldats, ont l'honneur de vous soumettre les réclamations auxquelles donne lieu l'ordre inattendu du licenciement de leur corps.

Parti de la capitale pour Melun, le 9 septembre 1870, le 1er bataillon de francs-tireurs de Paris a tenu constamment la campagne aux extrêmes avant-postes.

Il a inscrit sur son drapeau : Ablis, Châteaudun, Coulmiers, Patay, Varize, Alençon, sans parler des mille engagements partiels qui ont établi sa réputation de bravoure et d'audace, ni des services rendus à Guillonville, Termisiers, Rouvray, Sougy, Lumeau, Bazoche-les-Hautes, Sancheville, Beurnonville, Cambrai, Janville, Artenay etc., un mois durant enfin, à l'armée de la Loire, dont il faisait le service d'éclaireurs.

L'armistice le surprit courant à l'ennemi en avant de Lisieux, à Firfol, à quatre kilomètres de l'hôtellerie occupée par les Prussiens.

L'attaque allait avoir lieu. L'ennemi même, violant l'armistice, tirait ses derniers coups de feu sur les défenseurs de la barricade, le 29, à trois heures de l'après-midi.

Jusqu'au suprême moment donc, les francs-tireurs de

Paris n'ont pas eu une heure où ils n'aient arrêté, soutenu ou affronté le choc des armées ennemies.

Et ce sont les quelques survivants de cette troupe, si dévouée à la patrie qu'elle aurait voulu, au prix du dernier de ses hommes, lui épargner l'horreur et l'humiliation de la paix dans la défaite ; de cette troupe, si belle de discipline et de bravoure que ses huit cents volontaires ont vu, attachés à eux, comme à une brigade, et des cavaliers et des canons ; ce sont ces Français que la France renverrait désarmés, sans solde, sans les honneurs de la guerre qu'accorde même l'ennemi à ses courageux adversaires !...

Mais sans faire davantage appel aux sentiments de générosité réciproque qui doivent lier le pays et ses défenseurs et pour ne parler que du droit, les francs-tireurs de Paris ont été commissionnés, officiers, sous-officiers et soldats, par le gouvernement de la Défense nationale, par le Ministre de la guerre et par le Ministre de l'intérieur.

Nos commissions nous accordent les droits et la solde de l'infanterie.

Donc le corps ne peut être renvoyé soudain sans armes, ni congé, ni solde.

Car, s'il est permis aux soussignés de donner leur appréciation d'un licenciement, peut-être prématuré, ils demanderont comment, outre les sentiments de susceptibilité que ce licenciement blesse, comment le gouvernement pense éviter les complications politiques et sociales que vont faire surgir ces centaines de mille hommes, jetés dans la rue sans domicile, sans travail et sans pain.

Les soussignés espèrent qu'en ce qui les concerne per-

sonnellement, le gouvernement voudra vérifier leurs droits
et prendre en considération leur demande de rentrer
dans Paris, en corps et en armes, et d'être admis à une
solde de congé, sans préjudice des emplois ou grades que
pourront postuler, en se soumettant aux examens, les officiers, les sous-officiers et les soldats d'un corps qui a écrit
de son sang l'une des pages les plus glorieuses de cette
horrible campagne de France.

(Suivent les signatures.)

Un sentiment de délicatesse que je laisse apprécier, arrêta soudain les signataires : « Nous aurons l'air d'avoir
fait la campagne en vue de récompenses, » dirent quelques-uns.

Cette observation suffit pour que personne ne voulût
plus que la pétition fût envoyée.

Je respectai, à regret, ce scrupule devenu général, en
pensant aux désillusions de l'avenir.

Hélas ! Mes prévisions ne se sont que trop réalisées.

Ceux qui étaient sans fortune et sans pain ont versé
dans la Commune.

Pitié pour les coupables qui ont survécu ! Pitié, en raison de leur noble conduite devant l'ennemi !

Un jour, ils eurent faim. Voilà tout leur crime.

Quant à nos blessés, ils sont encore aujourd'hui sans
pension, sans secours.

Ils n'en murmurent pas, mais moi qui suis devenu leur
chef, je serais coupable de laisser plus longtemps leurs ac-
tions éclatantes dans la nuit de l'oubli et de ne pas deman-

der pour eux les sympathies et les récompenses auxquelles ils ont droit.

Ma lettre à M. le ministre de la guerre est demeurée sans réponse encore, mais je ne doute pas que quand les graves intérêts de la France seront résolus, il n'y ait place pour nous dans ses préoccupations.

Que Châteaudun donc renaisse !

Et que ses défenseurs survivants grandissent en force, en vaillance, en dévouement, jusqu'au jour où la voix de leurs frères morts leur criera : « Debout ! »

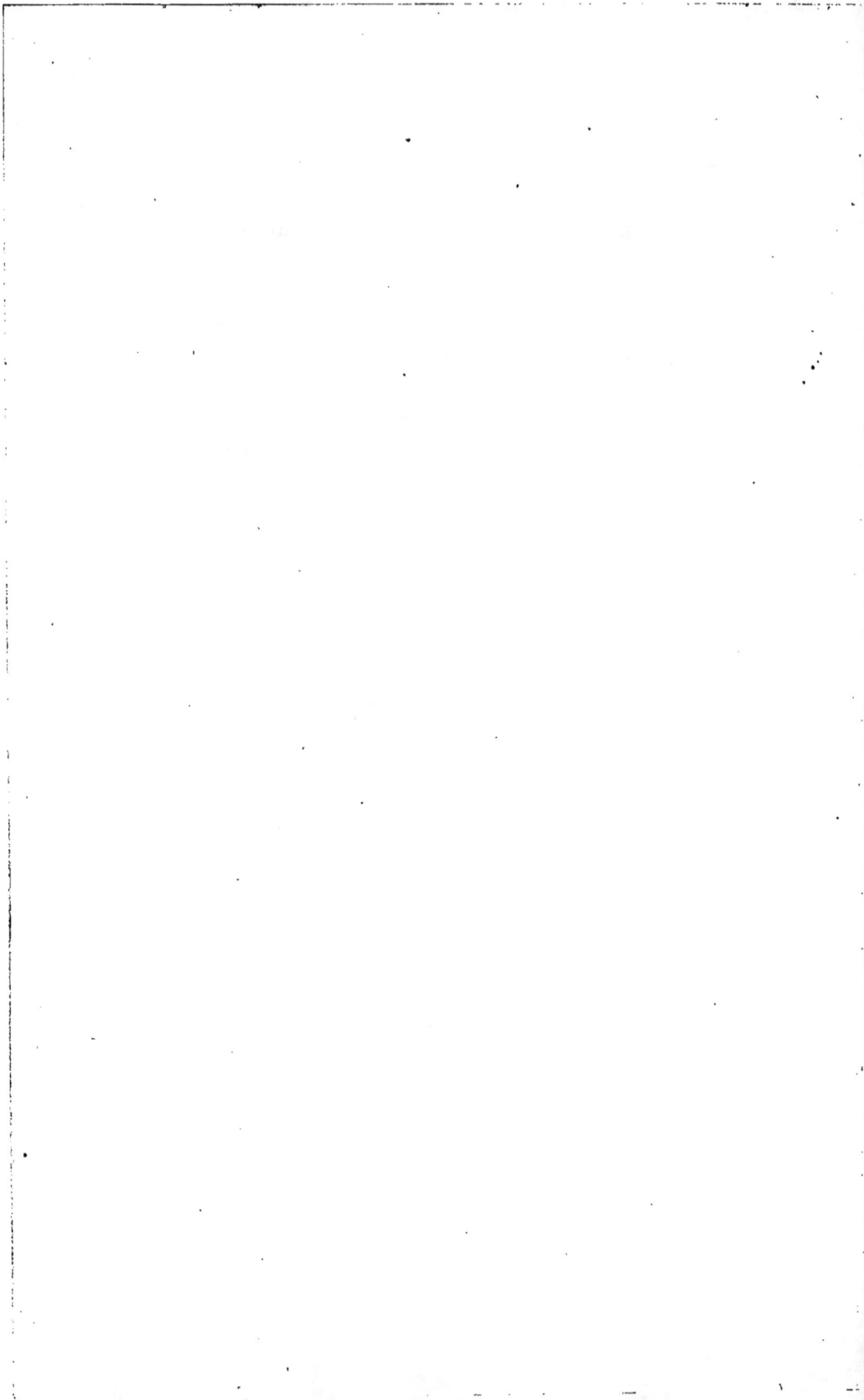

PLAN
de
CHÂTEAUDUN

Systéme de Défense

TABLE DES MATIÈRES.

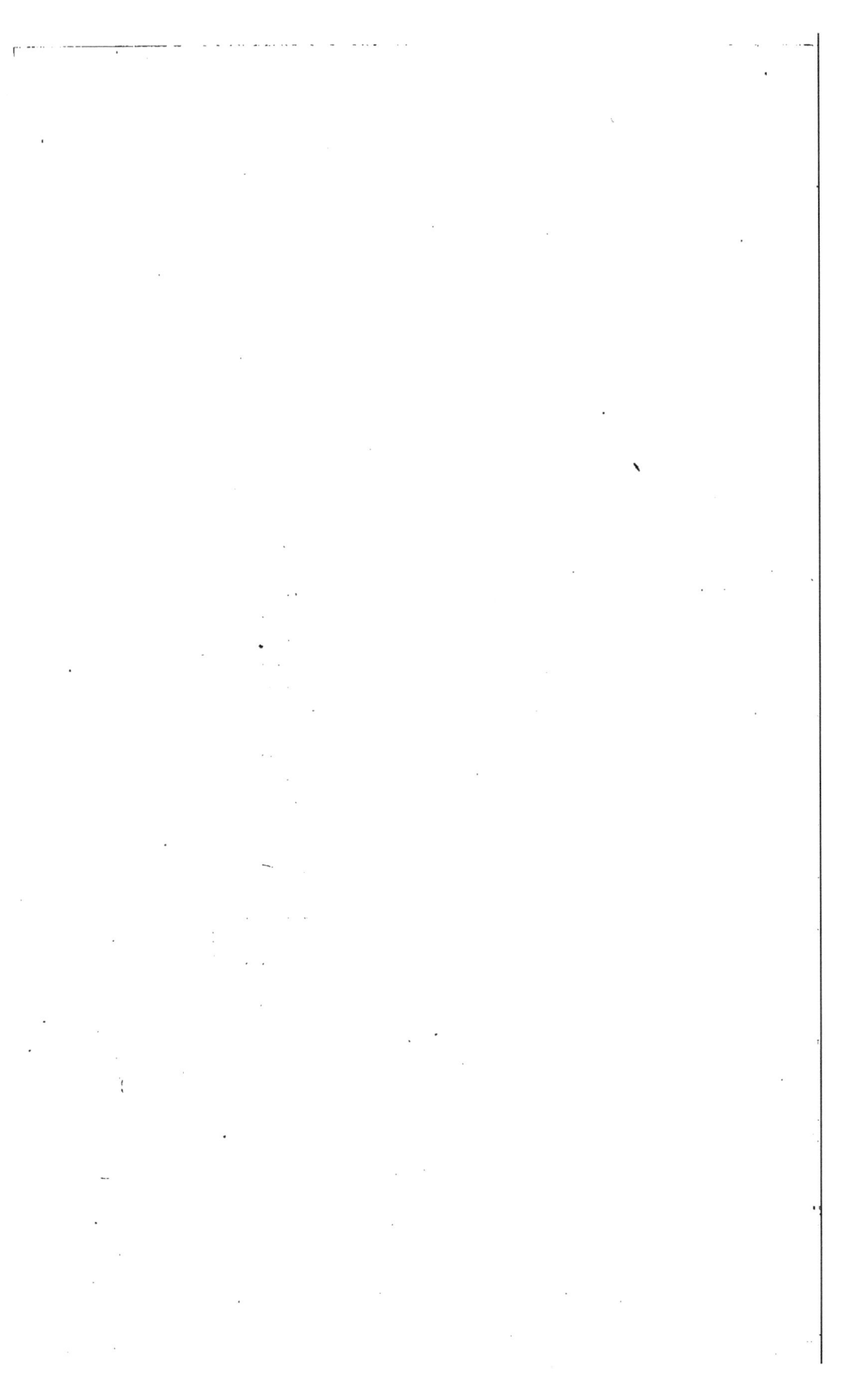

PARIS. — TYPOGRAPHIE LAHURE
Rue de Fleurus, 9.

www.ingramcontent.com/pod-product-compliance
Lightning Source LLC
Chambersburg PA
CBHW070810290326
41931CB00011BB/2188